# 연구개발직군의 지식생태계 실행공동체

오 성 호

서울경제경영

**| 저자소개 |**


**오성호**

Thunderbird에서 글로벌 경영학 MBA을 받은 후, 서울과학종합대학원에서 경영학 박사 학위를 받았다. 현재 서울과학종합대학원 겸임교수이며, LG전자 인재육성팀장으로 재직하고 있다. 한국경영학회에서 2015년 최우수논문상, 서울과학종합대학원에서 2016년 최우수논문상, LG전자에서 Great People Awards 등을 수상하였다. 주요 논문으로는 김보영과 함께 공동 저술한 『글로벌 기업의 영어 공용화 정책을 통한 변화 관리 전략』, 『연구개발 직군의 실행공동체 영향요인이 만족도 및 학습문화 활성화에 미치는 영향』, 『연구개발 직군의 실행공동체 개인요인, 상호작용요인, 지원요인, 환경요인이 지식공유 및 학습전이에 미치는 영향』이 있다.



본 도서는 서울과학종합대학원대학교 박사학위논문을 바탕으로 재편집된 것입니다.

# 저자 서문

'93년 LG전자 창원공장에 입사하여 처음 맡았던 업무가 기술교육이었다. 연구원들이 가장 선호했던 기술교육은 졸업한 지 10년 이상 된 연구원들을 선발하여 대학교에 1개월간 파견하는 『R&D 아카데미』프로그램이었다. 고참 연구원들에게 새로운 기술 트렌드와 연구방법을 다듬을 수 있는 기회를 제공하기 위함이었지만, 프로그램 담당자인 나에게는 연구원, 경영자, 대학 교수들과의 논의에 참여하면서 연구개발 직군의 지식생태계를 조금씩 이해하게 된 계기가 되었다.

연구원들은 자신들이 원하는 연구 과제를 맡게 되면 조직과 상사의 평가에 크게 흔들림 없이 몰입하고, 연구결과를 스스로 함께 공유하는 행위를 즐긴다는 것을 알게 되었다. 별다른 보상이 없어도 작은 학습팀을 스스로 만들어서 활동하는 연구원들도 많았지만, 학습조직을 강화하기 위해 조직에서 사내 학습동아리를 관리하고 지원하게 되면 활동이 강화되지 않고 오히려 위축되는 현상을 접하면서 조직의 지원이 연구원들의 학습활동에 긍정적인 것만은 아니라는 것을 알게 되었다.

창원공장에서 영업본부로 옮기면서 영업맨들의 학습활동을 관찰할 수 있게 되었고, 영업부문은 영업/수주 성과와 직결되는 훈련(Training)과 성공사례의 빠른 공유가 직무 성과를 높이는 데 도움이 된다는 것을 알게 되었다. 선행연구를 맡고 있는 CTO 부문으로 이동하면서 연구개발 직군을 선행과 양산 연구개발 직군으로 세분화하여 접근해야 한다는 것을 알게 되었다. 선행 연구개발 부문은 3년에서 5년 후 기술 개발에 중점을 두기 때문에 한 분야의 전문성을 가진 석박사 중심으로 구성되며, 이들은 양산 연구개발 연구원들과 다르게 아카데믹한 학습을 즐긴다는 것을 알게 되었다.

한 회사에서 22년을 근무하고 있지만, 사업본부, 영업본부, CTO부문, 러닝센

터, 해외법인 등에서 인사, 연수, 조직문화 등 HR 업무를 폭넓게 접할 수 있었던 것은 나에게 큰 기회가 되었다. HR 측면에서 비즈니스 체인의 통합적 관점을 갖게 되었고, 또한 각각의 영역을 세분화하여 개별 맞춤형으로 생각하고 업무를 전개할 수 있는 통찰을 가지게 된 것은 이러한 경험 덕분이다.

이러한 경험과 이해는 이영하 사장, 한주우 부사장, 권택률 전무, 박진관 상무, 김영진 상무 등 많은 분들이 이끌어 주신 덕분이다. 평택에서의 1년여 자기성찰의 시간과 박사 과정의 새로운 도전을 가능하도록 해 주신 하용호 상무에게 깊은 감사의 뜻을 전해 드린다. 또한, 논문을 작성하면서 현장에 대한 부족한 이해를 채워주고, 연구의 방향과 설문지 개발까지 자신의 연구처럼 애착을 갖고 논의와 비판을 해 준 최혁재 부장에게 감사드린다. CTO 부문의 실행공동체인 커뮤니티를 연구하면서 짧은 CTO 부문의 커뮤니티 경험을 보완해 주고, 연구 집단을 구분하는 등 수고를 아끼지 않은 박영호 부장, 이형모 대리와 연구가 진행되는 동안 격려와 관심을 주신 황호건 부사장, 최여환 담당, 사영진 담당, 황태식 부장, 김기호 부장, 이경섭 부장, CTO 인재육성팀원, 이종우 이사장 등 HR의 여러 선후배, 동료들에게도 감사를 표한다.

사실, 처음부터 실행공동체를 연구하겠다고 작정한 것은 아니었다. 가장 깊이 있게 빠져 있던 분야는 조직 변화관리 분야이었고, 실행공동체에 대한 탐색도 학습조직의 변화관리 관점에서 탐색한 주제 중 하나일 뿐이었다. 주제 탐색으로 시간을 허비하고 있을 때, 연구하고자 하는 목적과 제시하고자 하는 가치를 깨닫게 하면서 실행공동체 자체에 대한 연구를 수행하게 된 것은 지도교수인 김보영 교수의 도움과 지도가 있었기에 가능한 것이었다. 김보영 교수의 가치 있는 논문에 대한 집착, 정확한 비판, 깊이 있는 지도는 내가 생각했던 것 이상이었으므로 김보영 교수가 없었다면 이번 연구의 결과는 빛을 보지 못했을 것이다. 지도교수인 김보영 교수에게 진심으로 감사의 인사를 전한다. 또한, 논문을 작성하면서 모형 구성 및 방법론 관점에서 많은 조언을 해 주신 박정열 교수, 노태우 교수, 박민재 교수에게 감사드린다.

끝으로 2년여의 시간을 직장과 학업에만 쏟으면서 가정사를 소홀히 할 수밖에 없었지만 싫은 내색 한 번 없이, 늘 따뜻한 격려로 마음의 중심을 잡아 준 아내가 있었기에 학업과 연구를 마칠 수 있었으며, 대학진학이라는 중요한 시기에 있는 딸에게 아빠로서 제대로 도움을 못 주었다. 아내와 딸에게 고맙고, 미안한 마음을 전하고 싶다.

# 들어가는 글

Peter Drucker(1993)가 미래는 지식이 사회적 부의 원천이 되는 지식기반 사회가 될 것이라고 주장한 이후 산업사회에서 지식기반사회로 넘어오면서 1990년 초반 서구 선진기업들은 지식의 효과적 관리를 위해 지식경영시스템(Knowledge Management System)을 도입하였으며, 국내 기업들도 1990년 후반 대기업을 중심으로 지식경영시스템을 도입하여 운영하였다. 그렇지만, 이러한 시도는 인간적 관점 보다는 지식을 저장하고 공유하는 성과 기반의 IT시스템을 중심으로 접근되었기 때문에 시스템 기반 지식경영활동이 한계에 봉착함에 따라, 개인이 관심을 가지고 있는 주제에 대해 자율적으로 공동체를 이루어 구성원간 상호작용을 통해 지식을 공유하고 실천하는 인간적 관점을 기반으로 하는 실행공동체 활동이 대안으로 제시되었다.

인터넷, 정보기술, 소셜 네트워크의 발전은 지식기반 사회로의 변화를 가속화시키고 있으며, 세계를 초연결 사회로 만듦에 따라 지식과 정보는 실시간으로 공유, 확산되고 있다. 이렇게 공유된 지식은 사회와 개인의 삶을 변화시키고 있으므로 기업의 경쟁우위 확보를 위한 핵심역량이라는 관점에 있어서 지식의 개념이 달라지고 있다. 기업은 원천기술을 스스로 확보하려는 활동도 중요하지만, 애플의 아이폰 성공 사례에서 볼 수 있듯이 이미 세상에 나와 있는 다양한 이종기술들을 잘 융합하고, 이를 새로운 지식과 가치로 창출하는 지식 역량이 더욱 중요한 사회가 되었다. 지식기반 사회가 성숙됨에 따라 실행공동체(Community of Practice)를 기반으로 한 비즈니스 조직의 급속한 발전은 지역적, 자본적 한계를 극복하고 글로벌 시장에서 성장할 수 있는 중요한 조직문화 활동으로 이해되고 있으며, 오늘날 전문가가 초보자에게 경험과 노하우를 전달하는 전이의 관계를 넘어 실행공동체의 역동 속에서 새로운 지식을 창출하고 사업의 가치 향상에 기여하는 보다 능동적인 공동체 형태로 발전되고 있다.

지난 20여년간 국내 실행공동체 활동은 다양한 형태로 발전해 왔고, 실행공동체에 속한 구성원 개인에게는 개인의 역량 향상과 네트워크 형성의 기회를 부여했으며, 실행공동체는 공동체 형성 자체의 목적을 수행하고 발전함으로서 다양한 성과를 내고 있고, 실행공동체를 포함하고 있는 조직에는 조직 성과의 향상 및 학습조직 문화 형성의 기회를 부여하고 있다. 이러한 긍정적인 성과 요소들이 존재함에 따라 다양한 형태의 연구가 진행되어 왔지만, 국내 실행공동체 연구들이 어떻게 진행되어 왔는지에 대한 체계적인 조사가 이루어지지 않고 있다. 또한, 실행공동체의 연구대상에 있어서도 집단을 세분화한 연구는 찾기 힘들며, 일반적인 실행공동체의 성과와 영향요인에 대한 연구들이 주로 진행되어 왔다. 실행공동체의 특성이 참여하고 있는 개인과 공동체의 특성에 의해 인과관계의 요소가 다를 수 있고, 특히 지식을 기반으로 업무를 수행하는 연구개발 직군에 있어서 실행공동체는 연구원 개인의 성장과 조직의 발전에 중요한 활동이지만, 연구 대상을 세분화하여 연구개발 직군만을 대상으로 수행한 연구는 찾기 힘들다.

이에 따라 국내 실행공동체에 대한 문헌연구를 통해 그 동안 수행되었던 연구의 흐름을 정리하고 미래 연구의 방향성을 제시하고자 하며, 또한, 연구개발 직군만을 대상으로 수행한 세 편의 실증연구를 통해 연구개발 직군에 있어서 실행공동체가 지식공유 활동을 통해 만족도, 학습전이, 학습조직 활성화에 미친 영향을 파악하여 기업이 연구개발 직군의 실행공동체 활동에 적극적으로 관심을 가지고 투자해야 할 명분을 확인하고, 활성화를 위한 실무적인 시사점을 논의하고자 한다.

첫 번째, 문헌연구를 통해 실행공동체에 관한 국내 연구 동향과 특성을 파악하고, 경영학 분야에서의 실행공동체 연구의 발전적인 방향을 제시하고자 하였다[1]. 이를 위해 2000년부터 2015년 2월까지 국내 등재 학술지와 등재 후보 학술지에 게재된 328편의 논문을 대상으로 문헌 연구를 실시하였다. 또한 학습조직문화와 학습전이 관점에서의 실행공동체 연구 진행 현황을 분석하여 향후 학습조직 발전을 위한 실행공동체의 전략적 활용 및 시사점을 제안하고자 했다. 분석 결과 실행공동체에 관한 연구는 전체 64%가 교육학에 집중되어 있으며, 경영학 관련 실증 연구 중 45%가 성과, 직무만족, 직무 몰입 등 개인과 조직의 성과에 의존하는 것으로 나타났다. 학습조직문화 측면에서는 개인성과나 지식공유 시스템에 관한 연구가 주를 이루었으며, 학습전이 측면에서는 학습동기와 성과 중심으로 연구가 제한되어 있었다. 결과적으로 기술발전과 글로벌 환경에 맞춰 집단지성의 커뮤니티로서 실행공동체를 잘 활용하기 위해서는 경영학적 관점에서 보다 유연하고 다양한 관점의 연구가 뒷받침되어야 함을 살펴볼 수 있다.

두 번째, 연구개발 직군의 실행공동체 영향요인이 공동체 활동 만족도와 조직 내 학습문화 활성화에 미치는 영향관계를 분석하고, 실행공동체의 성숙도에 따른 성숙 집단과 미성숙 집단의 비교 분석을 통해 기업의 실행공동체 담당자들에게 연구개발 직군의 실행공동체 활성화를 위한 시사점을 제시하고자 했다[2]. 이를 위해 선행연구를 토대로 실행공동체 영향요인을 개인요인, 상호작용요인, 지원요인, 환경요인으로 구성하고, 수집된 총 371개의 설문을 기반으로 분석을 실·

1) 오성호, 김보영(2015), "학습조직문화 및 학습전이 관점에서의 국내 실행공동체 연구 동향 분석", 기업연구저널, 10(2), 1-22에서 발췌하여 재편집하였다.

2) 오성호, 김보영(2016), "연구개발 직군의 실행공동체 영향요인이 만족도 및 학습문화 활성화에 미치는 영향: 집단 성숙도에 따른 비교 분석", 한국콘텐츠학회, 15(12), 407-420에서 발췌하여 재편집하였다.

시했다. 연구결과 연구 개발 직군의 실행공동체 활동에 있어 개인요인, 상호작용요인, 지원요인은 만족도에 유의미한 영향을 미쳤으나 환경요인은 크게 영향을 미치지 않는 것으로 나타났다. 또한 실행공동체에 대한 만족도가 높을수록 학습문화 활성화에 긍정적 영향을 미치는 것으로 나타나 연구개발 직군의 실행공동체 활동 강화가 조직문화 개선에 도움을 줄 수 있음을 알 수 있었다. 특히 연구개발 직군의 경우 성숙도에 따른 집단차이가 크게 나타나지 않아 성숙도 보다는 실행공동체 내 상호작용 요인을 강화하는 것이 더욱 중요하다는 사실을 알 수 있었다.

세 번째, 연구개발 직군의 실행공동체 활동이 지식공유와 학습전이에 어떤 영향을 미치는지 실증적으로 밝혀 연구개발 직군의 실행공동체 활동의 중요성을 제시하고자 했다. 이를 위해 두 번의 실증연구를 수행했다. 먼저, 개인요인, 상호작용요인, 지원요인, 환경요인으로 구성된 실행공동체 영향 요인을 기준으로 L전자의 연구개발 직군에 종사하는 연구원 206명을 대상으로 설문조사를 실시하였다[3]. 분석결과 지식공유 활동은 개인요인, 상호작용요인, 지원요인에 영향을 받으며, 학습근전이와 학습원전이로 구성된 학습전이에 직접적 영향을 미치고, 학습원전이를 매개하는 것으로 나타났다. 반면 연구개발 직군 실행공동체의 경우 환경요인은 지식공유 활동에 큰 영향을 미치지 않는 것으로 나타났다. 또한, 개인차원의 내재적 동기와 외재적 동기, 조직차원의 리더 지원과 조직 지원을 실행공동체 영향요인으로 구성하고, 이러한 요인들이 지식공유와 만족도 및 학습전이에 미치는 구조적 영향관계를 분석하였다[4]. 분석결과 연구개발 직군의

3) 오성호, 김보영(2016), “연구개발 직군의 실행공동체 개인요인, 상호작용요인, 지원요인, 환경요인이 지식공유 및 학습전이에 미치는 영향: L전자를 중심으로”, 한국HRD연구, 11(1), 81-107에서 발췌하여 재편집하였다.

실행공동체 지식공유 활동은 내재적 동기, 리더 지원에 긍정적인 영향을 받지만, 외재적 동기에는 부정적인 영향을 받는 것으로 나타났으며, 만족도는 내재적동기와 리더 지원에 영향을 받지만 외재적동기와 조직지원에는 영향을 받지 않는 것으로 나타났다. 또한 지식공유는 만족도에 긍정적인 영향을 미치며, 학습전이는 지식공유와 만족도에 긍정적인 영향을 받는 것으로 나타났다. 또한 매개효과의 통계적 유의성을 검증한 결과 지식공유는 내재적 동기, 리더 지원과 학습전이 간 매개효과가 있으며, 만족도는 내재적 동기, 리더 지원과 학습전이 간 매개효과가 있는 것으로 나타났다.

결과적으로 실행공동체의 지식공유와 학습전이를 강화하기 위해서는 전문성과 자율성을 추구하고 비도전적인 관업을 선호하는 연구개발 연구원들의 자기중심적 집단의 특성을 고려하여 개인의 동기요인과 상호작용요인을 촉진할 수 있는 지원 방안이 강조되어야 함을 알 수 있었다. 또한, 전문적인 지원조직의 운영이나 평가 보상과 같은 제도적 방안은 연구개발 직군의 실행공동체 활동에 부정적인 영향을 미칠 수 있다는 사실이 고려될 필요가 있음을 확인하였다.

---

4) 오성호, 김보영(2016), “연구개발 직군의 실행공동체 동기요인과 지원요인이 지식공유와 만족도 및 학습전이에 미치는 영향”, 대학경영학회지, 10(44), 1431-1457에서 발췌하여 재편집하였다.

## 목 차

Chapter 01

# 실행공동체 연구 배경

## 1. 실행공동체 연구의 배경

사회 발전과 자본 창출의 핵심 요소인 지식(Knowledge)은 IT(Information Technology)와 SNS(Social Network Solution)를 통해 급속하게 공유, 확산되고 있으며, 이렇게 공유된 지식은 글로벌 사회와 개인의 삶을 빠르게 변화시키고 있다(Toffler, 2013). 지식환경의 변화에 따라 Arbesman(2012)이 지적했듯이 현재의 지식이 낡은 지식이 되는 지식의 반감기는 점점 짧아지고, 이종 지식간의 교류와 융합을 통한 새로운 지식은 기하급수적으로 증가하면서 지식은 끊임없이 성장하고 붕괴하고 있다. 지식의 빠른 변화 속도와 융합 및 공유 환경의 변화에 맞춰 기업이 가지고 있는 핵심 지식의 빠른 공유와 새로운 지식 창출은 기업의 시장 경쟁력과 지속 성장을 위한 핵심역량으로 자리 잡고 있다(McDermott, 1999; Savage, 1997).

1990년 초반 서구 선진기업들은 지식을 효과적으로 관리하기 위해 지식경영시스템(Knowledge Management System)을 도입하였으며, 국내 기업들도 1990년 후반 대기업을 중심으로 지식경영시스템을 도입하여 운영하면서 학습조직과 조직문화 관리에 대한 접근을 시도해 왔다. 그렇지만, 이러한 시도는 개인의 특성, 구성원간 상호작용 등 인간적인 관점 보다는 지식을 효율적으로 저장하고 공유하는 성과 기반의 시스템 중심으로 접근되었다. 지식이 조직 경쟁우위의 수단으로서 활용 되려면 단순 공유 차원을 벗어나 문제해결에 필요한 아이디어와

통찰력을 습득하고 공유해야 하는 데, 이러한 관점에서 지식경영시스템 중심의 지식경영활동은 한계를 나타내었으며, 이에 대한 대안으로서 실행공동체가 대두되었다(McDermott, 1999).

실행공동체는 다양한 전공, 직무경험을 가진 멤버들이 관심 있는 주제에 대해 자발성을 기반으로 형성된 비공식 학습활동으로써 단순히 지식을 공유, 분류, 저장하는 수준을 넘어서서 업무 현장에서 지식을 창출, 공유, 활용하는 인간적인 측면을 고려한 지식경영 전략이 될 수 있다(Ardichvili, Page, & Wentling, 2003; McDermott, 1999). 또한, 실행공동체는 조직 내 지식을 공유하고, 학습 중심의 조직 문화를 구축하거나 학습전이를 통해 습득한 학습 내용을 자신의 직무에 활용할 수 있는 의미있는 활동이 될 수 있으며(Baldwin & Ford, 1988; 현영섭 · 김준희, 2005), 나아가 참여 조직원들의 역량 향상과 조직 업무 성과에 영향을 미칠 수 있다(이은철 · 최문선, 2015). 가장 대표적인 사례로 구글의 발전 과정을 살펴보면 실행공동체의 개념을 가지고 있는데, 업무의 20% 시간을 개인 관심 분야에 할당하게 한 정책을 통해 다양한 실행공동체 활동이 전개되었으며, 이를 통해 구글 추천 검색어, 오컷, 구글어스 등이 만들어지게 되었다(Scott, 2011).

그러나 이러한 실행공동체의 확산과 중요성에도 불구하고 실행공동체의 성공과 실패의 요인은 잘 알려져 있지 않다(Ardichvili et al., 2003). 국내 실행공동체 관한 연구는 정민승(2000)에 의해 '온라인 학습 공동체의 구성 원리'가 처음 학술지에 발표되면서 시작되었다. 이후 실행공동체에 영향을 미치는 요인의 파악과 실행공동체 활동이 개인과 조직의 성과에 어떻게 영향을 미치는 지를 파악하기 위한 연구가 진행되어 왔지만, 전체의 연구 내용과 결과에 대한 문헌연구는 제대로 이루어지지 않고 있다. 또한, 실행공동체에 참여하는 대상에 따라 영향을 미치는 요인들이 다를 수 있으므로 차별적 요인들을 파악하여 참여 대상별 맞춤형 실행공동체 운영 전략의 수립이 필요하지만, 현재까지의 연구는 대상을 세분화하지 않고 진행된 경향이 있다. 이에 국내 실행공동체에 대한 그 동안의 연구

결과와 진행방향에 대한 문헌연구가 필요하며, 이를 기반으로 연구 대상을 세분화하여 보다 심도 있는 연구를 수행할 필요가 있다.

## 2. 실행공동체 연구의 목적

국내 실행공동체에 관한 연구는 2000년 정민승의 평생교육학회 발표 이후 2015년 2월까지 15년간 국내 등재 및 등재후보 학술지에 328편이 게재되었다. 이는 전체 등재 및 등재후보 학술지 중 6.4%의 학술지가 실행공동체와 관련한 연구를 게재하였다는 의미이다. 실행공동체와 관련한 경영학에서의 연구는 두 가지 방향의 연구가 주류를 이루고 있다. 첫 번째 방향은 실행공동체 자체의 활동 성과인 지식공유 활동에 영향을 미치는 요인들을 파악하기 위한 연구들이며, 다른 한 방향은 실행공동체 활동이 경영성과, 개인성과, 조직몰입, 직무만족 등 개인과 조직의 성과에 어떻게 영향을 미치는지를 파악하기 위한 연구들이다.

실행공동체 연구에 적용된 주요 개념이나 이론들도 초기 학습동기, 상호작용, 사회적 구성주의, 개인성격유형 등의 관점이었으며, 이후 상황적 학습, 행동이론, 사회적 자본, 사회적 혁신자본, 지식기반 이론 등 조직의 자본으로서 이론적 틀을 설정한 후 연구가 진행되었다. 실행공동체에 수명 주기 이론과 동기이론, 보상이론이 접목되면서 성숙도에 따라 실행공동체 활동의 활성화에 영향을 미치는 요인들이 다름을 실증연구 결과들로서 밝혀내고 있다. 최근에는 융합 기술의 중요성이 대두되면서 사회교환이론, 혁신 확산이론, 지식 통합 등의 개념이 적용되고 있는 추세이다. 또한, 실행공동체의 유형에 따라서 지식공유에 영향을 미치는 요인들은 다를 수 있으므로 차별적 요인들을 파악하여 맞춤형 실행공동체 운영 전략을 수립해야 한다는 연구 결과들도 나오고 있는 등 다양한 관점에서의 연구가 진행되고 있다. 더욱이 초기 실행공동체는 자발적 학습 형태로 조직 내 성과에 직접적 기여를 하는 전략적 도구로서의 기능이 부각된 측면에서 활발히 연구되었으며, 이후 IT 기술의 발전을 기반으로 거리의 한계를 극복한 분산 실행공동체에 대한 연구가 활발히 이루어지고 있다.

또한, 그 동안의 연구는 연구대상을 세분화하지 않고 진행되어 온 경향이 있는데, 실행공동체 경험을 가진 20대에서 50대 직장인 대상 연구(서현주, 2014), 대기업, 중소기업, 금융기관 대상 연구(김광표 · 채명신 · 염대성, 2009; 김인학 · 고준, 2011)를 비롯하여 특정 기업의 실행공동체 활동에 대한 연구들이 이루어지고 있다(구정모 · 송해덕, 2011; 김인학 · 이지현 · 고준 · 김희웅, 2010; 백윤정 · 김은실, 2008; 현영섭, 2010). 실행공동체 연구 주제의 많은 부분이 지식공유와 개인/조직의 성과와 연계되어 진행되어 왔는 데, 신형재 · 권용만 · 김진수 · 신태호(2013)는 학습조직 구축과 조직유효성의 관계를 연구하였고, 박경수 · 오승원(2014)은 온라인 실행공동체에서의 지식공유에 대한 연구 결과를 제시하였으며, 현영섭 · 김준희(2005)는 실행공동체의 사회적 네트워크와 지식공유 및 학습전이간의 관계에 대한 연구가 수행되었다.

이에 본 연구의 목적은 첫째, 실행공동체 관련 지난 15년간 각 학문별 전반적인 연구 트렌드와 변화 추이를 살펴보고, 경영학에 있어서 좀 더 심도 있게 시기별 실행공동체 연구에 적용된 주요 개념과 이론, 방법론, 실증연구에 있어 주요 변수들의 현황을 살펴봄으로써 향후 실행공동체 관련 연구 문제들에 대한 연구 방향과 연구방법에 대한 기초적인 자료를 제공하고, 그 동안 실행공동체 연구들이 경영학적으로 어떤 의미를 가지고 연구가 진행되어 왔는지를 살펴보고자 한다. 특히 경영학에서의 실행공동체에 대한 연구 주제와 발전적 연구 방향을 모색하기 위해 보다 실제적이고 발전적인 학습조직 문화를 구성하고 학습전이 효과를 극대화 할 수 있는 조직 개발을 위한 시사점을 제공하고자 했다.

둘째, 연구 대상을 연구개발 직군으로 세분화하여 실행공동체의 학습문화 활성화에 영향을 미치는 영향요인으로 개인요인, 상호작용요인, 지원요인, 환경요인을 실행공동체 활동의 영향요인으로 정의하고, 이러한 요인들이 실행공동체 만족도와 학습문화 활성화에 미치는 영향을 규명하고자 했다. 또한 성숙도에 따라 집단 간 비교분석을 통해 주요 영향요인 차이를 분석하여 연구개발 직군의 실행공동체 활동에 대한 고려 요인 및 접근법에 대한 시사점을 제시하고자 했다.

셋째, 연구개발 직군의 실행공동체 활동이 학습전이를 발생시키는 지 확인하여 기업과 조직이 실행공동체 활동에 투자하고 이를 활성화시켜야 할 당위성을 확인하고자 하였다. 또한, 실행공동체의 영향요인들이 지식공유와 학습전이에 실제적으로 영향을 미치는 지를 확인하고, 실행공동체의 학습전이를 활성화시키는데 있어 어떤 요인이 더욱 많은 영향을 미치는지 확인해 보고자 했다.

넷째, 연구개발 직군과 같이 전문화된 집단의 실행공동체에서 개인의 내재적 동기와 외재적 동기, 리더의 지원요인과 조직의 지원요인이 지식공유, 만족도, 학습전이에 어떻게 영향을 미치는 지 확인하고자 했으며, 실행공동체와 같이 무형식 학습에서 학습전이를 강화시킬 수 있는 시사점을 찾고자 하였다. 이러한 측면에서 본 연구에서는 L전자를 대상으로 전자제품 기업의 연구개발 직군을 위한 실행공동체 활동의 중요성과 활성화 방안을 논의하고자 했다.

Chapter 02

# 실행공동체의 이해 및 연구 동향

## 1. 국내 실행공동체 연구 동향

### (1) 국내 실행공동체 연구 추이 및 동향 분석

#### 1) 학문별 학술지 실행공동체 연구발표 동향

실행공동체와 관련한 전문 학술지가 없고, 다양한 분야에서 광범위하게 연구가 이루어지고 있기 때문에 국내 대표 논문 데이터베이스인 한국학술정보, 한국학술지 인용색인, 한국교육학술정보원에 수록되어 있는 등재, 등재후보지를 대상으로 '실행공동체', '실천공동체', '학습공동체', 'Community of Practice'를 검색어로 실행공동체 논문을 추출하였다. 실행공동체(Community of Practice)의 용어는 Lave & Wenger(1991)의 연구에서 초보자와 전문가간 도제 관계 속에서 자연스럽게 기술을 습득하고, 커뮤니티의 멤버십을 확보하는 과정을 설명하기 위해 처음 사용되었다. Wenger, Mcedermott, & Snyder(2004)는 실행공동체의 구성요소를 관심영역의 도메인, 도메인에 관심이 있는 사람들의 커뮤니티, 과제와 문제 해결을 위해 개발하고 공유하는 실천적 활동으로 보고 있으므로 실행공동체의 개념이나 주제어가 포함되어 있지 않은 학습동아리와 관련한 문헌은 제외하였다.

실행공동체에 대한 국내 연구는 2000년 7월 정민승(2000)이 "온라인 학습공동체의 구성원리 : 성인교육학적 현장읽기의 한 시도"를 평생교육학연구에 발표하였고, 경영학에서는 같은 해인 2000년 9월 방유성·이명성(2000)이 "성공적 지식경영을 위한 실행공동체 운영전략 : S사의 지식경영구축 사례를 중심으로"를 지식경영연구에 발표하면서 실행공동체에 대한 연구가 본격적으로 시작되었다.

2000년 이후 15년간 실행공동체는 대부분의 학문 분야에서 연구가 이루어졌으며, 총 328편의 논문이 발표되었다(〈표 1〉 참조). 139개의 등재 및 등재후보학술지에 게재되었으며, 이는 2015년 2월 기준 KCI 색인 총 2,168개의 등재 및 등재후보학술지 중 6.4%에 달한다. 총 328편의 연구는 사회과학 분야의 등재 및 등재 후보 학술지에 84.5% 게재되었으며, 인문학 5.2%, 예술체육 4.0%, 공학 2.7%, 복합학 2.1%, 자연과학 1.2%, 의약학 0.3% 순으로 나타났으며, 이는 KCI 기준의 학문 대분류 기준으로 볼 때 농수산해양을 제외한 전체 학문에서 1편 이상을 다룬 것으로 학문 전반에 걸쳐 폭넓은 연구가 이루어지고 있다.

KCI 기준의 학문 중분류 기준으로 보면 교육학 분야에 210편이 게재되어 전체의 64%가 집중되어 있다. 경영학은 36편으로 전체의 11% 수준으로써 실행공동체가 기업 조직의 지식경영에 차지하는 비중과 중요도를 고려했을 때 경영학에

**▌표 1▐ 학술지 성격별 실행공동체 학술지 발표 수 동향 (2000년-2015년2월)**

| 대분류 | 중분류 | 문헌수 |
|---|---|---|
| 사회과학 | 경영학(36), 경제학(4), 교육학(210), 기타사회과학(2), 무역학(2), 사회과학(6), 사회과학일반(2), 사회복지학(1), 정책학(2), 정치외교학(1), 지리학(4), 지역학(1), 행정학(6) | 277 |
| 인문학 | 기독교신학(4), 기타서양어문학(1), 기타인문학(3), 언어학(2), 역사학(1), 영어와문학(2), 유교학(1), 한국어와문학(3) | 17 |
| 예술체육 | 디자인(1), 미술(1), 예술일반(1), 음악학(3), 체육(7) | 13 |
| 공학 | 공학(1), 공학일반(2), 전자/정보통신공학(2), 컴퓨터학(4) | 9 |
| 복합학 | 감성과학(1), 학제간연구(6) | 7 |
| 자연과학 | 생활과학(1), 지구과학(3) | 4 |
| 의약학 | 예방의학/직업환경의학(1) | 1 |
| **합계** | | **328** |

주 : 괄호 ( )는 등재학술지 또는 등재후보 학술지의 논문 게재 수

서의 실행공동체에 관한 연구 수는 매우 낮은 수준이다. 이외에 체육, 학제간연구가 각 2.1%, 사회과학, 행정학이 각 1.8% 수준으로 나타났다.

### 2) 시기별 실행공동체 연구발표 동향

2004년 이후 매년 17편(5.2%) 이상의 논문이 발표되고 있으며, 15년의 연구기간 중 2010년 이후 발표된 최근 5년간의 논문 비중이 전체 58.5%(192편)로 나타나 최근 5년간 실행공동체 연구가 2010년 이전 10년간의 연구 수 보다 많아졌음을 알 수 있다〈표2〉.

또한, 가장 비중을 많이 차지하고 있는 교육학 분야에서 최근 5년간 게재된 논문이 56.7%(119편)이지만, 경영학 분야에서는 최근 5년간 게재된 논문의 비중이 63.9%(23편)로 나타나 경영학 분야에서의 관심도가 상대적으로 더욱 높아지고 있음을 알 수 있다. 융합 기술 시대에 있어서 지식경영의 중요성과 전략적 도구로서의 실행공동체의 기능, IT기술의 발달을 고려해 보았을 때 향후 경영학 분야에서의 실행공동체에 대한 연구는 더욱 증가할 것으로 예상된다.

학술지별 분석결과 평생교육학연구가 22편으로 가장 많은 연구가 게재되었고, 교육공학연구 14편, 지식경영연구, 초등교육연구, 학습자중심교과교육연구 학술지에서 각 10편씩 다루었다. 10편 이상의 연구논문을 게재한 학술지는 5개로 전체 연구의 20.1%를 차지하고 있다.

논문이 게재된 139개의 학술지 중 1편의 논문만 게재된 학술지는 79개, 2편의 논문이 게재된 학술지는 25개로서 15년간 2편미만이 게재된 학술지가 전체의 74.8%로 나타나 실행공동체가 각 분야별로 광범위하게 연구되고 영향을 주고 있지만, 지속적인 연구는 특정 분야에 한정되어 있는 것으로 나타났다.

**▌표 2▐ 연도별 학문별 학술지 발간 현황(2000년-2015년2월)**

| 구분 | '00 | '01 | '02 | '03 | '04 | '05 | '06 | '07 | '08 | '09 | '10 | '11 | '12 | '13 | '14 | '15 | 합계 |
|---|---|---|---|---|---|---|---|---|---|---|---|---|---|---|---|---|---|
| 사회과학 | 2 | 1 | 4 | 12 | 18 | 14 | 16 | 15 | 14 | 23 | 31 | 30 | 22 | 41 | 33 | 1 | 277 |
| 인문학 | | | | | 2 | | 1 | 2 | 1 | | 2 | 2 | | 1 | 6 | | 17 |
| 예술체육 | | 1 | | | | | | | | | 1 | 2 | 4 | 1 | 4 | | 13 |
| 공학 | | | | | | 3 | 2 | | | | 1 | | 1 | 1 | 1 | | 9 |
| 복합학 | | | | | | | | | 1 | 2 | | 1 | | | 3 | | 7 |
| 자연과학 | | | | | | | 1 | | 1 | | | | 1 | 1 | | | 4 |
| 의약학 | | | | | | | | | | | | | | 1 | | | 1 |
| **합계** | 2 | 2 | 4 | 12 | 20 | 17 | 20 | 17 | 17 | 25 | 35 | 35 | 28 | 46 | 47 | 1 | 328 |

## (2) 경영학 관점에서의 실행공동체 연구 동향 분석

### 1) 경영학 학술지별 동향

실행공동체 관련 경영학 발표 논문은 총 36편으로 14개 경영학 학술지에 발표되었으며, 이는 경영학 학술지 총72개 중 14개로 전체 19.4%에 발표되었다. 등재지 59개 중 12개, 등재 후보지 13개 중 2개의 학술지에 게재되었다. 지식경영연구 10편, 경영교육연구 4편, 인적자원관리연구 3편, 한국HRD연구 3편 순으로 많이 게재되어 특정 학술지를 중심으로 게재되고 있음을 알 수 있다〈표 3〉.

**▌표 3▐ 연도별, 학술지별 실행공동체 경영학 연구 동향**

| 학술지명 | '00 | '04 | '05 | '06 | '07 | '08 | '09 | '10 | '11 | '12 | '13 | '14 | 합계 |
|---|---|---|---|---|---|---|---|---|---|---|---|---|---|
| 지식경영연구 | 1 | 1 | | 1 | 1 | 2 | | 1 | | | 1 | 2 | 10 |
| 경영교육연구 | | | | | | | | | | 1 | 2 | 1 | 4 |
| 인적자원관리연구 | | | | | | | 1 | | | 1 | | 1 | 3 |
| 한국HRD연구 | | | | | | | | 1 | 2 | | | | 3 |
| Entrue Journal of Information Technology | | | | | | | | | 1 | 1 | | | 2 |

| 학술지명 | '00 | '04 | '05 | '06 | '07 | '08 | '09 | '10 | '11 | '12 | '13 | '14 | 합계 |
|---|---|---|---|---|---|---|---|---|---|---|---|---|---|
| Information systems review | | | | | | | 1 | | 1 | | | | 2 |
| 경영과학 | | | | | | | | | 1 | 1 | | | 2 |
| 경영학연구 | | | 1 | | | | | | | | | 1 | 2 |
| 대한경영학회지 | | | | | 1 | | 1 | | | | | | 2 |
| 한국IT서비스학회지 | | | | | | | | | | | 1 | 1 | 2 |
| Asia Pacific Journal of Information Systems | | | | 1 | | | | | | | | | 1 |
| 인터넷전자 상거래연구 | | | | 1 | | | | | | | | | 1 |
| 정보시스템연구 | | | | | | | | 1 | | | | | 1 |
| POSRI 경영경제연구 | | | | | | | | 1 | | | | | 1 |
| **합계** | 1 | 1 | 1 | 3 | 2 | 2 | 3 | 4 | 5 | 4 | 4 | 6 | 36 |

### 2) 연구 방법론

실행공동체 연구는 방법론 측면에서는 실증 연구 50.0%, 질적 연구 41.7%, 복합연구 8.3%로서 연도별로 실증연구와 질적연구가 균형적으로 이루어지고 있었다. 15년 연구기간 내 발표된 36편의 논문 중 64%인 23편이 2010년 이후 발표되었으며, 최근 5년간 논문의 연구방법은 실증연구가 전체의 52%, 질적연구 39%, 복합연구 9%를 차지하고 있다〈표 4〉.

**| 표 4 | 연도별 연구방법론 동향**

| 구분 | '00 | '04 | '05 | '06 | '07 | '08 | '09 | '10 | '11 | '12 | '13 | '14 | 합계 |
|---|---|---|---|---|---|---|---|---|---|---|---|---|---|
| 실증연구 | | 1 | 1 | 1 | | 1 | 2 | 1 | 2 | 1 | 3 | 5 | 18 |
| 질적연구 | 1 | | | 1 | 2 | 1 | 1 | 2 | 3 | 2 | 1 | 1 | 15 |
| 복합연구 | | | | 1 | | | | 1 | | 1 | | | 3 |
| **합계** | 1 | 1 | 1 | 3 | 2 | 2 | 3 | 4 | 5 | 4 | 4 | 6 | 36 |

### 3) 핵심 주제어 동향

실행공동체에 관한 경영학 발표 논문의 핵심 주제어 127개를 유목화하여 33가지로 분류하였다. 대표적인 주제어로는 지식교환, 지식창출, 지식통합 등 지식공유와 관련한 내용 15.0%, 지식경영 11.8%, 학습조직 6.3%, 성과측정, 조직유효성, 참여효과, 조직성과 등 실행공동체의 성과와 관련한 내용 5.5%, 학습, 평생학습 등 인적자원개발 내용 4.7%, 몰입, 직무몰입 등 조직몰입 관련 내용 4.7%, 조직의 혁신성, 성과주의 경영, 고령화 정도 등 조직환경 관련 내용 4.7%로 상위 8개의 주제어가 전체의 52.8%를 차지하였다〈표 5〉.

실행공동체 초기 연구는 실행공동체의 지원 조직과 부서장의 지원(방유성 · 이명성, 2000), 지식 경영 시스템의 사용 편이성이 실행공동체 미치는 영향(서현주 · 정예선 · 김효근, 2004), 지식 공유 행위에 영향을 미치는 요인(전수환 · 김정수, 2005)을 파악하기 위한 연구들이었다. 이러한 연구를 위해 학습동기이론, 사회적 구성주의, 내재적, 외재적 동기이론, 합리적 행동이론 등이 활용되었다.

2006년부터 2010년까지는 실행공동체 활성화요인과 스폰서의 영향(고준 · 엄기용, 2006), 지식경영시스템과 상호작용성(유일 · 고준 · 김재전 · 박성종, 2006), 실행공동체의 성과 측정체계(최인명 · 전수환 · 김영걸, 2007), 지원적 분위기와 보상체계(백윤정 · 김은실, 2008), 실행공동체의 특성과 조직시민행동간 관계(김광표 등, 2009), 사회적 네트워크와 학습전이간의 관계(현영섭, 2010) 등의 연구로 발전하였다. 이러한 연구를 위해 SECI 모델, 지식기반 기업 이론, 조직시민행동, 동기와 보상이론, 사회적 자본, 지적자본, 기업혁신자본, 사회통합자본, 사회적 네트워크 등이 활용되었다.

2011년 이후는 실행공동체의 유형, 발전단계, 성숙도, 학습조직의 관점에서 전략적 실행공동체의 활성화(김성진 · 홍종의 · 서의호, 2011), 실행공동체의 발전단계에 따른 영향요인(장희영 · 고일상, 2012), 가상 실행공동체의 진단 방법론 개발(홍종의, 2012), 온라인 실행공동체의 지식공유 영향 요인(오승원 · 박경수, 2012), 학습조직 구축과 조직유효성(신형재 등, 2013), 기업의 학습복잡계

(이갑두, 2014), 실행공동체 구성원의 흡수능력과 공동체의 성과(박경수 · 오승원, 2014) 등의 연구가 진행되었다. 네트워크, 기업의 자본, 몰입, 보상, 수명주기 등의 관점이 연구에 적용되면서 실행공동체의 유형과 실행공동체의 수명주기별 성숙도 단계 등 실행공동체의 상황별로 보다 세분화된 연구가 진행되었다. 외재적 보상의 결과는 실행공동체 참여기간이 길어짐에 따라 실행공동체 활동의 저하로 나타날 수 있지만, 또 한편으로는 활동기간이 길어짐에 따라 실행공동체 활동에 대한 기대감은 순수한 즐거움 보다는 실용적이고, 실질적인 측면으로 바뀌게 되며, 실행공동체를 중장기적으로 지속시키기 위해서는 중장기적인 관점의 보상 전략이 필요하다(김인학 · 고준, 2011)는 연구결과가 나오는 등 보다 구체적이고 실용적인 연구가 이루어지고 있다.

**❚ 표 5 ❚ 실행공동체 주제어 연도별 추이**

| 구분 | '00 | '04 | '05 | '06 | '07 | '08 | '09 | '10 | '11 | '12 | '13 | '14 | 합계 |
|---|---|---|---|---|---|---|---|---|---|---|---|---|---|
| 지식공유 | | | 1 | | | 1 | 5 | 2 | 3 | 2 | 2 | 3 | 19 |
| 지식경영 | 1 | | 1 | 1 | 2 | 2 | 2 | | 1 | 1 | 1 | 3 | 15 |
| 학습조직 | 1 | | | | | | 1 | | 1 | 1 | 1 | 3 | 8 |
| 성과 | | | | | 1 | | 1 | | | 2 | 1 | 2 | 7 |
| 인적자원개발 | | | | | | 1 | | | 4 | 1 | | | 6 |
| 조직몰입 | | | | | | | | | 2 | 1 | 2 | 1 | 6 |
| 조직환경 | | | | | 2 | 1 | | | | | 1 | 2 | 6 |
| 동기 | | | | | | | | 1 | 1 | 1 | 2 | | 5 |
| 사회연결망 | | | | | | | | 1 | 3 | | 1 | | 5 |
| 지식경영 시스템 | | | | 2 | | | 1 | 1 | | | 1 | | 5 |
| 상호작용성 | | | | | | | | | | 1 | 1 | 2 | 4 |
| 신뢰 | | | | | | | 1 | 1 | | 1 | | 1 | 4 |
| 온라인 | | 1 | | | | | | | | 1 | 1 | 1 | 4 |
| 리더십 | | | | 1 | 1 | | | | | | 1 | | 3 |
| 보상 | | | | | | | | 1 | 1 | | 1 | | 3 |

| 구분 | '00 | '04 | '05 | '06 | '07 | '08 | '09 | '10 | '11 | '12 | '13 | '14 | 합계 |
|---|---|---|---|---|---|---|---|---|---|---|---|---|---|
| 조직지원 | | | | 1 | | | 1 | | | | | 1 | 3 |
| 학습전이 | | | | | 1 | | | 1 | | | | 1 | 3 |
| 사회적자본 | | | | | | | | 1 | | | | 1 | 2 |
| 참여의지 | | | | | | 1 | | | 1 | | | | 2 |
| 팔로워십 | | | | | | | | | | 1 | | 1 | 2 |
| 활성화 | | | | 1 | | | | | | | | 1 | 2 |
| 성숙도 | | | | | | | | 1 | | 1 | | | 2 |
| CSR | | | | | | | | 1 | | | | | 1 |
| Six Sigma | | | | | | | | | 1 | | | | 1 |
| 멤버의 다양성 | | | | | | | | | | | | 1 | 1 |
| 복잡성 | | | | | | | | | | | | 1 | 1 |
| 자기표현욕구 | | | | | | | | | | 1 | | | 1 |
| 자기효능감 | | | | | | | | | | 1 | | | 1 |
| 전략 | | | | | | | | | | | | 1 | 1 |
| 조직시민행동 | | | | | | | 1 | | | | | | 1 |
| 지각 | | | | | | 1 | | | | | | | 1 |
| 지적자본 | | | | | | | | 1 | | | | | 1 |
| 휴리스틱 알고리즘 | | | | | | | | | 1 | | | | 1 |
| **합계** | 2 | 1 | 2 | 6 | 7 | 7 | 13 | 12 | 19 | 16 | 16 | 26 | 127 |

#### 4) 실증연구 변수 분석

지식공유에 대한 영향 요인(백윤정 · 김은실, 2008; 서현주 등, 2004), 지식경영시스템 사용자 성과에 미치는 요인(유일 등, 2006), 실행공동체의 참여의지와 몰입 간의 관계(구정모 · 송해덕, 2011) 등 실증연구에서 활용된 종속변수를 유목화하여 6가지로 분류하였다〈표 6〉. 대표적인 종속변수는 지식공유 활동과 지식공유 의도와 관련한 종속변수 45.0%, 실행공동체가 개인과 조직에 미치는 성과 35.0%, 그리고 직무만족과 직무몰입 등 조직몰입과 관련한 종속변수 10.0% 순으로 나타난다. 직무만족, 직무몰입이 개인과 조직의 성과에 유의미한 영향을 미치며, 개인과 조직의 성과를 직접 측정하기 힘들므로 많은 연구에서 직무만족, 직무몰입을 성과 변수로써 활용하고 있는 점을 감안한다면, 실질적으로 직무성과를 종속변수로 다룬 연구는 45.0%로 볼 수 있다. 따라서 그 동안 실행공동체에 대한 실증연구의 90.0%가 성과와 지식 공유를 종속변수로 설정하고 연구가 이루어지고 있었다고 할 수 있다.

**| 표 6 | 실증연구에서 사용된 종속 변수 연도별 추이**

| 구분 | '04 | '05 | '06 | '08 | '09 | '10 | '11 | '12 | '13 | '14 | 합계 |
|---|---|---|---|---|---|---|---|---|---|---|---|
| 지식공유 | | 1 | 1 | 1 | | 1 | 1 | 2 | | 2 | 9 |
| 성과 | 1 | | 1 | | 1 | 1 | | | 1 | 2 | 7 |
| 실행공동체 성과 | | | | | | | | | | 1 | 1 |
| 네트워크 활동 | | | | | | | | 1 | | | 1 |
| 직무만족 | | | | | | | | | 1 | | 1 |
| 직무몰입 | | | | | | | 1 | | | | 1 |
| **합계** | 1 | 1 | 2 | 1 | 1 | 2 | 2 | 3 | 2 | 5 | 20 |

실증연구에 활용된 독립변수는 〈표 7〉과 같다. 대표적인 독립변수로는 실행공동체에 참여하게 된 내재적, 외재적 학습동기(13.4%), 멤버간 상호작용성(10.4%), 조직 내 리더와 제도적 지원 관련 독립변수(10.4%), 실행공동체 멤버의 활동 참여정도(10.4%), 학습내용의 적절성(9.0%), 멤버간 신뢰(7.5%)로 전체의 61.1%의 비중을 차지한다.

실증연구에 활용된 매개변수로는 시스템 편의성(유일 등, 2006), 지식교환(류성렬 · 구철모 · 서우종, 2009), 실행공동체의 개인적 성과(김광표 등, 2009), 지식공유(구정모 · 송해덕, 2011; 현영섭, 2010), 신뢰, 자기표현 욕구, 몰입(오승원 · 박경수, 2012), 참여도(이홍재 등, 2013), 흡수능력(서현주, 2014), 몰입(박경수 · 오승원, 2014)이 활용되었다. 조절변수로는 스폰서의 유무(고준 · 엄기용, 2006), 신뢰성, 친밀감, 지원적 분위기, 보상체계(백윤정 · 김은실, 2008), 참여

기간(김인학 등, 2010), 보상(김인학 · 고준, 2011), 지식공유(신형재 등, 2013), 실행공동체 구성의 다양성(이건호 · 민진영 · 허동철 · 이준영 · 이희석, 2014), 자발적 지식 제공의지(고윤정 · 강주선 · 김종기 · 고일상, 2014)가 활용되었다.

직무성과와 관련한 연구는 경험지식의 공유, 내재적 동기, 외재적 동기, 리더십, 상호의존성, 시스템 사용편이성, 조직 지원, 커뮤니케이션 활성화, 호혜성간의 영향이 연구가 되었고, 사용자 만족, 시스템 이용이 매개변수로서 분석되었으며, 지식공유가 조절변수로서 영향이 있는 지를 분석하였다.

지식공유를 종속변수로 하여 실행공동체 참여기간, 감정, 구성원 간 신뢰, 내적 보상, 외적 보상, 리더의 헌신성, 몰입, 상호작용성, 소속 욕구, 즐거움, 학습의지 등 독립변수들과의 관계를 분석하였으며, 구성원 신뢰, 자기표현욕구, 몰입, 지식공유 활동이 매개효과가 있는 지를 분석하였고, 스폰서의 신뢰, 신뢰성, 친밀감, 지원적 분위기, 보상체계, 직군, 참여기간, 자발적 지식 제공의지의 조절 효과를 확인하였다. 실행공동체의 직무성과와 인지적 차원에서의 공동목표 간의 관계를 분석하였고, 매개변수로는 실행공동체 구성원 신뢰, 지식교환 양, 지식교환 품질이 활용되었으며, 실행공동체 구성 다양성의 조절 효과를 분석하였다.

**| 표 7 | 실증연구에서 사용된 독립변수의 연도별 추이**

| 구분 | '04 | '05 | '06 | '08 | '09 | '10 | '11 | '12 | '13 | '14 | 합계 |
|---|---|---|---|---|---|---|---|---|---|---|---|
| 학습동기 | 1 | | | 1 | 1 | 2 | 2 | 1 | 1 | | 9 |
| 상호작용성 | | 1 | 1 | | | 1 | 1 | 1 | 1 | 1 | 7 |
| 조직지원 | 1 | 1 | | | 2 | | | | 1 | 2 | 7 |
| 참여도 | 1 | | 2 | | 2 | | | | 1 | 1 | 7 |
| 학습내용 | 1 | 1 | | 1 | 1 | | | | 1 | 1 | 6 |
| 신뢰 | | 1 | | | 1 | | | | | 3 | 5 |
| 리더 | | | 1 | | 1 | | | 1 | 1 | | 4 |
| 보상 | | 1 | | | | | | 1 | | 1 | 3 |

| 구분 | '04 | '05 | '06 | '08 | '09 | '10 | '11 | '12 | '13 | '14 | 합계 |
|---|---|---|---|---|---|---|---|---|---|---|---|
| 학습시스템 | 1 | | | | 1 | | | 1 | | | 3 |
| 호혜성 | | 1 | | | | | | | | 2 | 3 |
| 비전공유 | | | | | | | | | 1 | 1 | 2 |
| 자기효능감 | | | | | | | | 1 | | 1 | 2 |
| 조직환경 | | | | | 1 | | | 1 | | | 2 |
| 커뮤니케이션 | 1 | | | | 1 | | | | | | 2 |
| 팔로워십 | | | | | | | | 1 | | 1 | 2 |
| 사고모형 | | | | | | | | | 1 | | 1 |
| 성격 | | | | 1 | | | | | | | 1 |
| 인구통계 | | | | | | | 1 | | | | 1 |
| **합계** | 6 | 6 | 4 | 3 | 11 | 3 | 4 | 8 | 8 | 14 | 67 |

### (3) 학습조직문화 및 학습전이 관점에서의 연구동향 분석

#### 1) 학습조직문화 이론에 따른 분석

학습조직문화는 조직 내에서 역동적인 상호작용을 기반으로 개인, 팀, 조직 학습이 끊임없이 일어나고, 학습의 결과물이 개인의 발전과 조직의 성과에 연결됨으로서 조직의 변화와 혁신을 촉진하게 하는 문화이다(유선주, 2013). 이러한 학습조직문화를 통해서 기업 조직은 외부 환경의 빠른 변화를 능동적으로 적응 및 대응할 수 있게 되며, 확보된 지적 자본을 통해 기업의 경쟁력을 갖출 수 있게 되기 때문에 지식이 자본으로서 역할을 하게 되는 지식사회, 융합시대에 있어서 학습조직문화를 구축하는 것은 기업의 지속 가능 경영을 위해서 매우 중요하다.

실행공동체의 학습조직문화를 강조한 측면의 분석을 위해 선행 연구들 중 실증연구의 정리가 잘 된 Kanold(2002)의 이론과 Watkins & Marsick(1996)의 이론을 분석틀로 채택했다.

학습조직문화의 기본적인 구성 요소로서 Kanold(2002)는 지속적인 개선의지,

조직의 비전공유, 부서간 협력, 개인적 성과 발전 추구 네 가지로 제시하고 있으며, Watkins & Marsick(1996)은 계속학습, 질문과 대화, 팀 학습, 시스템 연결, 시스템 축적, 임파워먼트, 리더십 지원 등 일곱 가지 구성요소를 제시하였다.

Kanold(2002)가 제시한 네 가지 구성요소 측면에서 경영학 관련 학술지에 발표된 실행공동체 기존 연구들의 현황을 분석했으며, 지속적인 개선 의지 측면 6편, 조직의 비전 공유 측면 6편, 부서간 협력 측면 6편, 개인적 성과 발전 추구 측면 15편의 관련 연구들이 있는 것으로 조사 되었고, 1개 이상의 구성요소를 포함한 연구는 18편이었다〈표 8〉.

결과적으로 실행공동체 관련 연구들이 학습조직문화에 대한 협력이나 비전 공유와 같은 측면보다 개인의 성과에 치중되고 있었음을 살펴볼 수 있다. 이는 곧 실행공동체를 조직문화 개선의 전략적 수단으로 이해하기 보다 조직 내 개인의 문제로 인식하고 있는 측면이 강했음을 시사한다.

**▌표 8▐ Kanold(2002)의 학습조직문화 구성요소에 따른 기존 연구 현황**

| 구성요소 | 기존 연구 | 비율 (%) |
|---|---|---|
| 지속적인 개선의지 | 고윤정 등(2014), 김광표 등(2009), 김인학 · 고준(2011), 신형재 등(2013), 이수철 · 서의호 · 홍대근(2011), 최종진 · 정남호 · 조용말(2008) | 18.2 |
| 조직의 비전공유 | 최종진 등(2008), 김광표 등(2009), 고윤정 등(2014), 김인학 · 고준(2011), 신형재 등(2013), 이수철 등(2011) | 18.2 |
| 부서간 협력 | 김정진 · 기영화 · 채병민(2012), 박윤규 · 박상선 · 정찬율 · 김다솜 · 이재훈(2013), 양홍권(2011), 장희영 · 고일상(2012), 최종인 · 권상순(2007), 최종진 등(2008) | 18.2 |
| 개인적 성과 발전 추구 | 고윤정 등(2014), 구정모 · 송해덕(2011), 김광표 등(2009), 김인학 · 고준(2011), 김정진 등(2012), 방유성 · 이명성(2000), 백윤정 · 김은실(2008), 서현주(2014), 양홍권(2011), 유일 등(2006), 이건호 등(2014), 이홍재 등(2013), 장희영 · 고일상(2012), 최종인 · 권상순(2007), 최종진 등(2008) | 45.4 |
| | **합 계** | 100 |

그러나 실행공동체는 학습 조직으로의 발전과 새로운 조직문화 개선을 위한 측면에서 고려될 필요가 있으며, 지식융합을 통한 혁신조직 구성 측면에서도 자율적인 또는 기업의 조직화에 따른 실행공동체 운영 활성화에 대해 논의될 수 있겠다.

Kanold(2002)의 네 가지 구성요소를 모두 다룬 실행공동체 연구는 없으며, 세 가지 구성 요소를 담고 있는 연구는 3편이며, 두 가지 구성 요소를 담고 있는 연구는 10편이다. 최종진 등(2008)은 포스코의 실행공동체에 대한 사례연구를 통해 포스코 실행공동체의 성공요인으로 일, 혁신, 학습활동의 일체화 추진, 조직 단위의 전원 참여 활동, 조직책임자의 관심과 지원, 재미/보람/지속 가능한 실행공동체의 추구, 실행공동체의 발전 단계에 따른 지원제도 운영, 우수한 IT 인프라의 구축과 활용을 제시하면서 지속적인 개선의지, 부서 간 협력, 개인적 성과 발전 추구의 세 가지 구성요소를 다루었다. 이외에도 장희영 · 고일상(2012)은 지식공유 네트워크 활동에 관한 실증 연구를 위해 독립변수로 조직차원(적합한 정보기술, 리더의 참여), 개인차원(지각된 위험, 기대결과)과 조직환경(협력성, 혁신성, 공정성)을 활용하여 조직의 비전공유, 부서간 협력, 개인적 성과 발전 추구를 다루었으며, 김정진 등(2012)은 군인의 학습 동아리 참여 효과에 관한 사례연구에서 지속적인 개선의지, 부서 간 협력, 개인적 성과 발전 추구를 다루었다.

Watkins & Marsick(1996)가 제시한 일곱 가지 구성요소를 기준으로 기존 연구들의 현황을 분석한 결과 계속학습 8편, 질문과 대화 6편, 시스템 연결 8편, 시스템 축적 7편, 임파워먼트 1편, 리더십 지원 7편의 관련 연구들이 있는 것으로 조사되었다. 일곱 가지 구성요소를 모두 다룬 연구는 없으며, 네 가지 구성 요소를 담고 있는 연구는 4편, 세 가지 구성 요소를 담고 있는 논문은 2편이고, 1개 이상의 요인을 포함한 연구는 18편이었다〈표 9〉.

최종인 · 권상순(2007)는 흡수 능력의 관점에서 특허청의 실행공동체 발전과정에 대한 사례를 연구하면서 계속학습, 질문과 대화, 시스템 축적, 시스템 연결의 구성요소를 다루었으며, 최종진 등(2008)은 포스코의 실행공동체 사례 연구에서 계속학습, 시스템 축적, 시스템 연결, 리더십 지원의 구성 요소를 다루었다. 홍대근 · 구충효 · 서의호(2009)는 지식공유의 장벽을 제거하기 위한 방안으로서 SECI(Socialization, Externalization, Combination, Internalization) 모델을 기반으로 의사소통관점에서 지식을 공유하는 방법을 제안하면서 계속학습, 질문과 대화, 시스템 축적, 시스템 연결의 개념을 다루었다.

실행공동체는 학습조직문화를 기반으로 활성화된다는 관점에서 보면 학습조직문화 관점에서의 실행공동체 연구들은 개인 학습과 발전을 위한 개인적인 수준, 시스템 중심의 조직 수준연구이며, 조직 비전과 부서간 협력, 임파워먼트를 통한 팀 학습의 측면을 다룬 연구는 충분하지 못한 것으로 확인되었다.

**| 표 9 | Watkins & Marsick(1996) 학습조직 구성요소 기준 기존 연구 현황**

| 구성요소 | 기존 연구 | 비율(%) |
|---|---|---|
| 계속학습 | 김인학 · 고준(2011), 김정진 등(2012),<br>방유성 · 이명성(2000), 양흥권(2011), 이홍재 등(2013),<br>최종인 · 권상순(2007), 최종진 등(2008), 홍대근 등(2009) | 21.6 |
| 질문과 대화 | 방유성 · 이명성(2000), 서현주(2014), 신형재 등(2013),<br>유일 등(2006), 최종인 · 권상순(2007), 홍대근 등(2009) | 16.2 |
| 팀 학습 | - | 0 |
| 시스템 연결 | 김성진 등(2011), 류성렬 등(2009), 박윤규 등(2013),<br>유일 등(2006), 장희영 · 고일상(2012),<br>최종인 · 권상순(2007), 최종진 등(2008), 홍대근 등(2009) | 21.6 |
| 시스템 축적 | 박윤규 등(2013), 서현주 등(2004), 유일 등(2006),<br>장희영 · 고일상(2012), 최종인 · 권상순(2007),<br>최종진 등(2008), 홍대근 등(2009) | 18.9 |
| 임파워먼트 | 장희영 · 고일상(2012) | 2.8 |
| 리더십지원 | 고준 · 엄기용(2006), 김광표 등(2009), 류성렬 등(2009),<br>방유성 · 이명성(2000), 이홍재 등(2013),<br>장희영 · 고일상(2012), 최종진 등(2008) | 18.9 |
| **합 계** | | 100 |

### 2) 학습전이 모델에 따른 분석

교육훈련을 통해서 습득한 지식, 스킬, 행동, 태도 등 학습 내용을 다양한 업무 현장에서 적용하는 것을 학습 전이(transfer of learning)라고 한다(Noe, 1986; 현영섭, 2009). Gagne(1985)는 학습전이를 학습 내용과 유사한 수준의 난이도를 가진 과제를 수행하는 수평전이(horizontal transfer), 학습 내용 보다 복잡한 수준의 난이도를 가진 과제를 수행하는 수직 전이(vertical transfer)로 구분하고 있으며, Salomon & Perkins(1989)는 숙련 및 자동화된 기술 수준에서 이루어지는 자동적 전이인 저도 전이(low-road transfer), 복잡한 상황에서 추상성을 요구하는 고도전이(high-road transfer)로 구분하고 있다.

지식공유는 자신의 지식을 타인에게 이전하는 활동과 다른 사람의 지식을 흡수하는 활동이다(Davenport & Prusak, 1998). 실행을 전제로 학습을 하는 실행공동체에 있어 지식공유는 실행공동체의 실증 연구 중 45.0%를 차지할 정도로 매우 중요한 개념으로서 학습조직의 학습전이와 같은 맥락선상에 있기 때문에 학습전이의 모형으로 실행공동체의 기존 연구를 분류하는 것은 향후 실행공동체 연구의 새로운 방향을 설정하는 데 도움이 될 수 있다.

실행공동체 학습전이의 구성요인 측면에서의 분석을 위해 Noe(1986)의 학습전이 모형을 채택했다. Noe(1986)는 학습전이에 관한 최초의 모형을 제안했으며, 개인의 능력, 교육에 대한 기대, 자기효능감, 직무태도, 학습동기, 전이동기로 구분했다. Holton III(2005)은 학습전이를 촉진키는 요인과 저해하는 요인을 모형에 포함시켰으며, 학습자 특성, 동기, 작업환경, 성과, 능력으로 구분하였다.

Noe(1986)가 제시한 여섯 가지 구성요소를 기준으로 기존 연구들의 현황을 분석한 결과 개인의 능력 측면을 다룬 연구는 2편, 교육에 대한 기대 2편, 자기효능감 7편, 직무태도 3편, 학습동기 9편이며, 전이동기를 다룬 연구는 없었고, 1개 이상의 구성요소를 포함한 연구는 16편이었다〈표 10〉.

**❚ 표 10 ❚ Noe(1986)의 학습전이 모형에 따른 기존 연구 현황**

| 구성요소 | 기존 연구 | 비율(%) |
|---|---|---|
| 개인의 능력 | 이수철 등(2011), 최종인 · 권상순(2007) | 8.7 |
| 교육에 대한 기대 | 장희영 · 고일상(2012), 전수환 · 김정수(2005) | 8.7 |
| 자기효능감 | 장희영 · 고일상(2012), 전수환 · 김정수(2005), 고윤정 등(2014), 김광표 등(2009), 김정진 등(2012), 오승원 · 박경수(2012), 최종인 · 권상순(2007) | 30.4 |
| 직무태도 | 구정모 · 송해덕(2011), 백윤정 · 김은실(2008), 오승원 · 박경수(2012) | 13.0 |
| 학습동기 | 구정모 · 송해덕(2011), 김광표 등(2009), 김인학 · 고준(2011), 김인학 등(2010), 서현주 등(2004), 이홍재 등(2013), 최종인 · 권상순(2007), 최종진 등(2008), 홍대근 등(2009) | 39.2 |
| 전이동기 | – | 0 |
| **합 계** | | **100** |

최종인 · 권상순(2007)은 흡수 능력의 관점에서 특허청의 실행공동체 발전 과정을 다룬 연구에서 개인의 능력, 자기효능감, 학습동기의 세 가지 구성요소를 다루었으며, 김광표 등(2009)은 중소기업 실행공동체의 특성을 시민행동 관점에서 실증연구를 하면서 자기효능감과 학습동기를 다루었고, 오승원 · 박경수(2012)는 온라인 실행공동체의 지식공유의도를 종속변수로 하고, 독립변수로 팔로워십, 자기효능감, 상호작용성, 매개변수로 구성원 신뢰, 자기표현욕구, 몰입을 활용하면서 학습전이의 자기효능감과 직무태도를 다루었다.

실행공동체 학습전이의 촉진과 저해요인을 고려한 측면에서의 분석을 위해 Holton III(2005)의 평가모델을 채택했다. Holton III(2005)이 제시한 다섯 가지 구성요소를 기준으로 기존 연구들의 현황을 분석한 결과 학습자 특성 측면을 다룬 연구는 4편, 동기 9편, 작업환경 6편, 성과 10편, 능력 5편이었으며 1개 이상의 요인을 포함한 연구는 17편이었다〈표 11〉. 다섯 가지 구성요소 모두를 다룬 연구는 없었으며, 네 가지 요소를 다룬 연구는 4편이었으며, 최종인 · 권상순(2007), 최종진 등(2008), 김광표 등(2009)은 동기, 작업환경, 성과, 능력을 다루었고, 장희영 · 고일상(2012)은 학습자 특성, 작업환경, 성과, 능력을 다루었다. 서현주 등(2004)은 동기, 성과, 능력 세 가지 구성요소를 다루었다.

**▌표 11▐ Holton(2005)의 평가 모델에 따른 기존 연구 현황**

| 구성요소 | 기존 연구 | 비율(%) |
|---|---|---|
| 학습자 특성 | 박지성 · 김성수(2014), 백윤정 · 김은실(2008), 이수철 등(2011), 장희영 · 고일상(2012) | 11.8 |
| 동기 | 구정모 · 송해덕(2011), 김광표 등(2009), 김인학 · 고준(2011), 김인학 등(2010), 서현주 등(2004), 이홍재 등(2013), 최종인 · 권상순(2007), 최종진 등(2008), 홍대근 등(2009) | 26.5 |
| 작업환경 | 김광표 등(2009), 양홍권(2011), 장희영 · 고일상(2012), 전수환 · 김정수(2005), 최종인 · 권상순(2007), 최종진 등(2008) | 17.6 |
| 성과 | 구정모 · 송해덕(2011), 김광표 등(2009), 서현주 등(2004), 오승원 · 박경수(2012), 유일 등(2006), 이홍재 등(2013), 장희영 · 고일상(2012), 최종인(2007), 최종진 등(2008), 홍대근 등(2009) | 29.4 |
| 능력 | 김광표 등(2009), 서현주 등(2004), 장희영 · 고일상(2012), 최종인 · 권상순(2007), 최종진 등(2008) | 14.7 |
| | **합 계** | **100** |

실행공동체의 활동성과 측면에서 지식공유는 중요한 개념으로 연구되었지만, 학습전이의 관점에서는 부분적으로 다루어졌다. 지식공유는 개인간 상호작용을 기반으로 역동적으로 이루어진다. 학습전이의 구성요소로서 분류되어 있는 개인이 가지고 있는 특성, 능력, 기대 수준 등의 요소들은 상호작용에 영향을 미칠 가능성이 높고 실행공동체의 활성화에 영향이 있을 것으로 예상되지만, 이에 대한 연구와 논의가 되지 못하고 있는 한계를 보여준다.

## 2. 연구개발 직군과 실행공동체

### (1) 실행공동체의 정의 및 특징

Lave & Wenger(1991)는 도제방식을 통해 전문가의 기술을 초보자에게 자연스럽게 전수하고, 이러한 과정에서 공동체의 멤버십을 형성하게 되는 사회적 맥락에서의 학습의 개념으로 실행공동체(Community of Practice)의 개념을 제시했다. 이후 Wenger & Snyder(2000)는 실행공동체를 특정 영역에 관심있는 사람들의 커뮤니티, 과제와 문제해결을 위해 암묵적 지식을 공유하고 생성하는 실천 활동이라 설명했다. 실행공동체의 발달단계는 시간의 흐름과 에너지의 정도에 따라 잠재단계(Potential), 병합단계(Coalescing), 성숙단계(Maturing), 유지단계(Stewarding), 전환단계(Transformation)의 5단계로 나눌 수 있다(Saint-Onge & Wallace, 2012; Wenger, 1998). 잠재단계에서는 공동체의 목적과 주제를 정하고, 병합단계에서는 소속감과 신뢰를 구축하며, 성숙단계에서는 공동체의 가치, 방향, 규범, 참여 계획을 수립하고 핵심 목적에 집중하여 활동하며, 전환단계에서는 공동체를 해체하던지 새로운 관점과 새로운 사람의 영입을 통해 다른 목적의 실행공동체로 발전하게 된다.

실행공동체의 성과에 영향을 미치는 성공요인은 실행공동체 멤버 간 상호작용 수준, 신뢰 및 정체성, 성과에 대한 보상, 업무와의 관련성, 수평적이고 개방적인 조직 풍토, 관리자의 지원, 활동 참여의 적극성, 정서적인 유대감, 자신의 영향력에 대한 인식 수준, 인프라의 지원 등이다(이은철 · 최문선, 2015). 그러나 무엇보다 실행공동체가 멤버 간 지식공유 활동을 촉진하고 성과를 창출하기 위해서는 도메인, 커뮤니티, 실천 등 각 요소들이 상호 결합하여 학습활동이 적극적으로 이루어져야 하며, 업무 현장에서 지식을 공유, 창출, 활용하는 전략적 활동으로 연결되어야 한다(Ardichvili et al., 2003; McDermott, 1999; 최종인 · 권상순, 2007).

실행공동체는 수평조직 기반의 지식경영의 한 형태로 발달하면서(King,

2007) 오늘날 단순히 지식을 공유, 분류, 저장하는 수준을 넘어서 업무 현장에서 지식을 창출, 공유, 활용하는 인간적인 측면을 고려한 지식경영 전략으로 활용되고 있다(Ardichvili et al., 2003; McDermott, 1999; Wenger & Snyder, 2000). 실행공동체는 특정 영역에 관심을 가지고 있는 멤버들이 자발적으로 모여서 공동체를 이루어 특정 과제와 문제해결을 위해 지속적으로 상호작용함으로서 새로운 지식을 생성, 활용하면서 자신들의 지식과 전문성을 심화하는 실천활동으로(Wenger & Snyder, 2000), 공동체 집단을 형성하는 과정에서 전문가의 노하우나 지식이 초보자에게 자연스럽게 전달되는 학습 전이 활동을 기대할 수 있다(Lave & Wenger, 1991). 또한 현실에서 발생하는 문제들이나 혁신의 이슈는 형식화된 지식을 넘어서 다양한 지식간의 융합적 활동에서 일어날 수 있기 때문에(King, 2007) 특정 주제에 관심을 가지고 참여하고 있는 이종 지식을 가진 전문가와 전문가로 구성되는 동료 간의 지식 공유 활동이 중요하게 부각되고 있다(강민형 · 이재남, 2015; 김병수 · 한인구, 2012)

### (2) 실행공동체와 연구개발 직군

연구개발 직군은 지식, 경험, 문제해결을 위한 특정 분야의 전문성을 바탕으로 창의성, 직관, 통찰력을 발휘하여 새로운 지식과 기술을 만들어 내는 전문성을 가진 전문가 집단으로 다른 직군과는 구별되는 특성이 있다(Herling, 2000). 연구개발 직군의 인력은 전문 지식의 장기간 축적과 지속적 개선의 과정을 통해 전문성을 획득하게 되며(오헌석 · 김정아, 2007), 전문가로서 전문 지식을 추구하는 성향 외에도 자율성의 선호도가 높고, 성취 욕구가 강하고, 직무에 대한 몰입도가 높다는 특성을 가지고 있으며(Allen & Katz, 1992; 김영배 · 차종석, 1999), 연구개발의 성공을 위해 지식공유 네트워크를 활용하여 지식을 광범위하게 습득하고 활용한다(정한규 · 손태원, 2004).

실행공동체를 통한 학습문화는 조직의 문제를 해결할 때 작동하는 공유된 기본 목표가 존재하며 기업을 위해 올바른 것으로 인지, 생각, 느끼게끔 가르치고,

전달되는 속성을 가지고 있기 때문에 경쟁회사가 모방하기 어려운 가치, 리더십, 업무스타일 등이 고려된 기업의 핵심역량이 될 수 있다(Pfeffer & O'Reilly, 2000; Schein, 2010). 실행 공동체 활동을 통한 학습문화는 조직 내 문화로서 형성된 학습에 대한 가치관, 신념, 습관, 제도 등을 의미하는 것으로써 불확실성이 높은 시대에 기업이 지속적으로 경쟁우위를 유지하기 위한 성공요소가 된다(이갑두, 2014).

더욱이 기업 내 연구개발 조직의 경우 경쟁 시장 내 지속적인 경쟁우위 확보를 필요로 하는데, 연구개발 인력의 자율적인 지속학습 욕구를 기반으로 한 창의적인 학습조직 문화는 지식공유 네트워크로 창의적인 기술지식의 확장을 위해 중요한 역할을 할 수 있다(정한규 · 손태원, 2004). Cameron & Quinn(2011)은 가치경쟁모형에서 조직문화를 관계지향, 위계지향, 시장지향, 혁신지향으로 나누었으며, 연구개발 조직은 지나치게 위계지향적이고, 경쟁지향적인 문화 보다는 새로운 시도를 장려하고, 실패를 격려하는 문화가 적합하다고 주장했다. 연구개발 인력은 연봉, 인센티브, 진급 등 조직 내 외재적 보상의 욕구와 함께 자신이 원하는 연구주제에 대한 자발적 참여와 학습 기회, 연구 활동에 대한 칭찬과 인정 등 내재적 보상에 대한 욕구를 중요하게 여기기 때문이다. 이러한 측면에서 연구개발 직군의 실행공동체 활성화는 자발적 비공식 조직으로 연구원들에게 보다 자유로운 심리적 문화적 보상 시스템으로 작용할 수 있으며, 조직 내 자발적인 역량 강화 조직구조와 학습문화를 형성할 수 있다(장희영 · 고일상, 2012). 또한 이렇게 형성된 학습문화는 조직 구성원들의 심리적, 주관적 만족도를 넘어 직무만족과 조직몰입 그리고 조직유효성에 긍정적인 영향을 미칠 수 있다(신형재 등, 2013).

특히 연구개발 직군 내 실행공동체 구성은 학사 이상의 학력과 각 분야의 전문 경험을 갖춘 전문가들이 모여서 특정 주제에 대해 자발적으로 상호작용하면서 활동하게 되는 특징을 가지기 때문에 기업 내 다른 직군과는 다른 형태를 보일 수 있다. 전수환 · 김정수(2005)의 연구에 따르면 생산직군의 경우 사회적 요인과 촉진 요인이 지식공유에 큰 영향을 미치지만, 연구 개발 직군의 경우 인지된 결과와 감정이 지식공유에 더 중요한 영향을 미치는 것으로 나타났다. 더욱이 김병수 · 한인구(2012)는 일반화된 지식경영 시스템 활용은 연구개발 조직에게 부정적 영향을 미칠 수 있음을 주장한바 있다. 결국 연구 개발 직군의 경우 일반적인 직군과는 달리 보다 능동적이고 감성적인 접근의 지식 공유 활동을 필요로 하기 때문에 특정한 조직적 시스템 기반의 공동체 활동 보다는 자발적인 공동체 형성과 참여를 통한 지식활동으로서 실행공동체 활성화를 통한 지식공유 활동이 더욱 효율적일 수 있다.

## 3. 실행공동체와 영향요인

### (1) 실행공동체 만족도와 학습문화 활성화

Locke(1976)는 만족은 정서적 반응으로서 개인이 체험한 일을 통해 얻은 경험을 평가한 결과로서 얻게 되는 긍정적이고 유쾌한 정서적 상태를 의미한다고 하였고, Oliver(2014)는 만족은 달성의 수준이 유쾌한지 또는 불쾌한지의 정도로 정의된다고 설명하였으므로 실행공동체의 만족도는 실행공동체 활동 참여 과정과 활동 결과물에 대한 정서적 충족의 정도라고 정의할 수 있다. 만족도와 행동의도에 관한 많은 연구가 진행되었으며, 고객 만족도는 통상 재구매, 고객 충성도를 결정하는 중요한 요소로 작용하며(Bearden & Teel, 1983), 직무만족은 직무성과에 긍정적인 영향을 미치고, 조직 이탈의도를 낮추며(김연선 · 김건, 2015; 김정식 · 김현철, 2012), 학습 활동에 있어서도 학습만족도는 학습한 결과를 실제 실무에 적용하는 학습전이에 영향을 미친다(윤현진 · 윤관식 · 이병철, 2012). 높은 만족도는 바람직한 결과를 가지고 온다고 할 수 있기 때문에 실행공동체의 만족도는 실행공동체 활성화 정도와 개인과 조직에 긍정적인 영향을 미치고 있는 지를 알 수 있는 중요한 요인이다.

실행공동체는 학습을 위한 조직으로서 초보자가 전문가로부터 공동체 내에서 개인의 경험, 암묵적 지식, 노하우를 전수받고 이를 통해 문제를 해결해 나가는 학습조직이다(Lave, 1991; Wenger, 2007). 학습조직 활동에서 만족도는 개인의 학습에 대한 태도와 연관되며, 인지, 정서, 행위의 복합체로서 개인이 속해있는 실행공동체의 만족의 정도는 실행공동체의 성과에 영향을 미친다(Locke, 1976; 신유근, 1994). 더욱이 실행공동체는 역동적인 상호작용을 통해 끊임없이 개인, 팀, 조직의 학습이 이루어지는 학습문화를 가지고 있으며, 학습의 결과는 개인과 조직의 발전 및 성과로 연결됨으로써 변화와 혁신을 촉진할 수 있다(신형재 등, 2013; 유선주 · 최은수, 2013).

이에 많은 학자들이 실행공동체 만족도 향상 및 활성화를 이끄는 요인에 대해서 언급했는데, Agarwal & Karahanna(2000)은 인지적 몰입(Cognitive Absorption)의 개념을 강조하며 몰입 상태에 빠지면 시간에 대한 인식이 모호해지며, 활동 자체에 대해 즐거움과 만족도를 느낀다고 주장했다. 몰입의 상태는 어떤 일이나 활동을 수행하는 데 매우 중요한 역할을 하며, 몰입은 학습 문화 활성화 및 지식공유 활동에 유의한 정의 영향을 미친다는 것이다(김인학 · 고준, 2011).

Dutton & Dukerich(1991)은 사회적 정체성(social identification)을 다루면서 조직에 속해있는 개인들이 가지고 있는 조직에 대한 이미지와 정체성은 개인이 조직을 어떻게 해석하고, 반응하며, 몰입하는가에 영향을 받는다고 주장했다. 결국 학습자의 학습 동기와 의지는 학습의 성과에 직접적인 영향을 미치며(Noe & Schmitt, 1986), 결국 학습 만족도와 연결된다. 또한 학습 만족이 높을수록 실행 공동체 내에 이루어지는 습득된 지식의 직접적 적용과 실행이 발현됨으로써 학습 문화 활성화와 조직 문화의 변화를 이끌어 낼 수 있게 될 수 있다고 설명했다(Brown & Duguid, 1991).

국내 선행연구들을 살펴보면 김나영과 강정은은 기관의 지원과 학습자의 참여동기는 만족도에 영향을 미치고, 다시 만족도는 지식의 공유, 습득의 학습성과에 긍정적인 영향을 미치며, 학습동기와 학습성과를 매개한다고 주장한바 있다(김나영 · 강정은, 2011). 이는 곧 학습자의 만족도가 높을수록 학습 조직의 동기화나 지식공유가 활성화 될 수 있음을 보여주는데(임숙경 · 조용하, 2008), 이에 대해 이종훈 · 김성환(2014)은 실행공동체의 지식창출, 지식공유, 지식활용이 학습만족도와 학습동기에 영향을 미침으로써 조직 내 학습활성화에 긍정적 영향을 미친다고 주장한바 있다.

**| 표 12 | 실행공동체 만족도와 학습문화에 관한 선행연구**

| 선행연구 | 주요 변수 | 연구결과 |
|---|---|---|
| 김나영 · 강정은(2011) | 평생교육, 만족도, 학습성과 | 참여동기와 기관의 지원은 만족도에 영향을 미치며 만족도는 참여동기와 학습성과를 매개함. |
| 임숙경 · 조용하(2008) | 학습자특성, 교육기관특성(만족), 학습참여도 | 학습자 특성과 교육기관의 만족도는 참여성과에 영향을 미침. |
| 이종훈 · 김성환(2014) | 조직학습, 학습참여동기, 학습만족도 | 조직학습은 학습만족도와 참여동기에 영향을 미치며, 참여동기는 학습만족도에 영향을 미침 |
| Agarwal & Karahanna(2000), 김인학 · 고준(2011) | 학습동기, 몰입, 학습만족도, 학습문화, 지식공유 | 학습동기는 몰입에 영향을 미쳐 학습만족도가 높아지면 학습문화와 지식공유가 활성화됨. |
| Brown & Duguid(1991), Dutton & Dukerich(1991) | 학습동기, 학습성과, 학습만족도, 조직문화 활성화 | 학습동기는 성과와 만족도에 영향을 미치며 조직 문화 활성화에 영향을 미침 |

### (2) 실행공동체와 지식공유

지식은 경험, 가치, 맥락적 정보, 전문가 통찰의 혼합으로 새로운 경험과 정보를 평가하고 결합시키며, 책, 문서 뿐 만 아니라 대화나 도제 방식 등 사람들 간의 접촉을 통해서 공유된다(Davenport et al., 1998). 지식공유는 조직 구성원들이 지식을 이해, 흡수, 활용할 수 있게 하는 행위로서 지식구분(knowledge identification), 지식전수(knowledge outflow), 지식이동(knowledge transmission), 지식흡수

(knowledge inflow)의 과정을 거치며, 구성원 간 상호신뢰와 메커니즘을 통해 조직의 성과에 영향을 미친다(Gupta, 2000; Nelson & Cooprider, 1996). 이에 대해 Nonaka and Johansson(1985)는 지식공유를 기반으로 새로운 지식이 창출되고, Ipe(2003)은 조직 내 구성원들이 지식을 이해, 흡수, 활용할 수 있도록 하는 행위를 지식공유라고 설명했으며, Davenport et al.(1998)는 자신의 지식을 타인에게 이전하고, 다른 사람의 지식을 흡수하는 활동을 지식공유라고 정의하였다. 또한 Hendriks(1999)는 지식공유를 지식전이의 관점에서 지식을 소유하고 있는 개인 또는 조직과 지식을 습득하려고 하는 다른 개인 또는 조직간의 관계라고 정의하였다.

그러나 실행공동체에서 지식공유는 자발적 참여를 기반으로 공동체의 멤버십이 형성되는 사회적 맥락의 학습이 이루어지므로 형식학습에서 지식을 제공하는 교사와 지식을 제공받는 학생간의 지식공유가 아닌 사회화의 과정 속에서 지식공유가 이루어진다(Wenger, Mcedermott, & Snyder, 2004). McDermott(1999)는 실행공동체 내에서는 지식을 제공하는 사람과 흡수, 활용하는 사람간의 시스템적 지식전이가 아닌 공동체 멤버간의 상호작용, 정서적 유대, 자신의 영향력에 대한 인식, 인프라 등 공동체를 형성하고 유지, 발전시키는 복합적인 공동체 활동 요소를 기반으로 멤버 상호간 지식 공유 행위와 프로세스를 기반으로 한 지식공유가 이루어진다고 주장했다. 실행공동체를 통한 지식공유는 비공식적인 활동으로써 저비용으로 정보를 습득하고, 더 많은 지식 활용의 기회를 확보할 수 있다는 관점에서 구조와 시스템이 느슨한 조직에서 보다 유용할 수 있다는 것이다(Hansen, 1999).

지식공유는 자발적으로 지식을 공유하고, 공유된 지식을 습득하기 위해 학습하고 활용하는 행동이므로 개인의 동기에 의해 영향을 받을 수 있다(Amabile, Hill, Hennessey, & Tighe, 1994; Ipe, 2003; Ryan & Deci, 2000). 특히 실행공동체에서 다른 멤버를 돕는 행위 자체의 즐거움은 개인의 지식공유에 중요한 영향을 미치게 되는데, 멤버들의 자발성과 내재적 동기를 이끌어 냄으로써 실행공동체 활동을 통한 지식공유가 자연스럽게 이루어질 수 있다(최종인 · 권상순,

2007). 김인학 등(2010)은 실행공동체 멤버들은 지식공유 활동을 통해 개인의 전문성 개발과 업무수행 향상에 대한 기대 가치를 인지하고 있으므로, 이러한 인지된 유용성은 지식 공유를 위한 중요한 동기 요인이 될 수 있다고 설명했다. 실행공동체는 자발적 참여와 관심있는 영역에 대한 전문가 교류와 전문성 확보를 전제로 하므로(Wenger & Snyder, 2000), 스스로 좋아서 활동에 참여하고 즐기는 내재적 동기와 활동을 통해 전문성을 인정받는 외재적 동기가 실행공동체 활동을 통한 지식공유를 자연스럽게 이루어지게 하는 중요한 요소로 작용할 것이라고 생각할 수 있다(Lin, 2007; 최종인 · 권상순, 2007).

Wenger, McDermott, & Snyder(2002)은 실행공동체의 역동성이 상호작용을 활성화시키고 신뢰수준을 향상시킴으로써 지식공유에 긍정적 영향을 미친다고 주장했으며, Nickols(2003) 역시 사람의 협력을 중심으로 하는 실행공동체 활동은 결과적으로 지식공유활동의 지식 네트워킹을 형성하는 중요한 활동이 될 수 있다고 설명했다. 결국 지식 생성과 공유는 구조적이고 시스템적인 접근보다는 실행공동체 활동과 같이 신뢰와 친밀감 또는 협력을 기반하는 조직 활동 내에서 더욱 활성화 될 수 있음을 알 수 있으며, 이러한 측면에서 실행공동체의 활성화는 조직 내 지식공유 및 전이에 긍정적 영향을 미칠 수 있다(강여진 · 박천오, 2003; 이수철 등, 2011). 실행공동체 내에서는 개인의 관심 보다는 커뮤니티 차원에서 관심이 있는 지식에 대해 구성원간의 긴밀한 상호작용을 통해 지식을 더 활발하게 공유하므로(Wasko & Faraj, 2000; 박윤규 등, 2013), 멤버간 신뢰와 친밀감의 상호작용적 측면은 실행공동체 내 멤버간 네트워킹, 협력 그리고 지식의 교류를 촉진시키며, 지식공유에 긍정적인 영향을 미친다고 생각할 수 있다(박경수 · 오승원, 2014; 이건호 등, 2014).

또한 실행공동체 활동에 대한 최고경영자, 리더, 조직의 관심과 시간, 예산, 지원 인력 운영 및 보상제도 운영은 실행공동체 활동의 참여를 촉진시켜 지식공유 활성화에 영향을 미치게 된다(Gongla & Rizzuto, 2001; 강여진 · 박천오, 2003; 류성렬 등, 2009; 박문수 · 문형구, 2004; 이홍재 등, 2013; 장희영 · 고일상, 2012; 최종인, 2007). 실행공동체는 비공식 학습조직으로서 정규 업무나 정규교육과정에 참여하는 것이 아니므로 리더의 관심과 조직의 제도적 지원이 없다면 실행공동체 활동이 촉진되기 어렵다. 지식공유에 대한 영향을 미치는 공통적인 요인을 정리한 연구에 의하면 조직 및 구조적 요인이 중요한 영향임을 밝히고 있으므로(한동효 · 김주찬 · 조현준, 2007) 리더와 조직의 지원이 지식공유에 긍정적인 영향을 미친다고 생각할 수 있다(박문수 · 문형구, 2004; 이홍재 등, 2013).

연구개발 조직에 있어서 개방적인 조직문화는 개인의 지식, 스킬, 경험의 지식공유에 대한 자발적 참여를 촉진시켜 조직지식으로 전환시킨다(Cameron & Quinn, 2011; Gupta, 2000). 실행공동체는 관심있는 주제에 대해 멤버들이 자발적으로 참여하여 이루어진 공동체이므로 새로운 아이디어와 업무방식에 대한 개방적인 분위기 속에서 지식을 탐색하고 소유한 것을 공유하게 되므로 멤버들 간의 지식공유의도에 긍정적인 영향을 미칠 수 있다(Bock, Zmud, Kim, & Lee, 2005). 또한, 새로운 방식을 직무에 접목하기 쉬운 개방적 환경이 조성되어 있으면 자율적으로 새로운 지식을 학습하고, 학습에서 습득한 새로운 지식을 적용함으로써 얻는 성취감이 높아질 수 있다. 이는 실행공동체 내에서 지식의 공유가 활발하게 일어날 수 있도록 영향을 미치므로 새로운 지식에 대한 조직의 개방적 환경이 지식공유에 긍정적인 영향을 미친다고 생각할 수 있다(장희영 · 고일상, 2012).

### (3) 실행공동체와 학습전이

학습전이는 형식학습 또는 비형식학습 등 어떠한 형태의 학습이든 학습자가 학습한 내용을 실제 업무 현장에서 적용하는 과정을 의미하는 것으로(금혜진 · 정재삼, 2007; 현영섭, 2004), 학습 프로그램의 효과를 검증하는 중요한 평가 기준이 되어 왔다(Baldwin & Ford, 1988; 현영섭, 2009). 실행공동체 내에서는 멤버 상호간 지식공유를 통해 학습전이로 이어지므로, 실천적 관점에서의 지식공유를 학습으로 이해할 수 있으며(현경택 · 홍아정, 2009), 실행공동체의 지식 공유는 지식의 추구와 지식제공이라는 학습의 과정까지 반영되면서 지식공유는 자연스럽게 학습전이로 연결될 수 있다(현영섭, 2010).

Noe(1986)는 개인의 능력, 교육에 대한 기대, 자기효능감, 직무태도, 학습동기, 전이동기로 학습전이의 구성요소를 구분하면서 최초의 학습전이 모형을 제안했으며, Holton III(1996)은 학습전이 과정과 영향요인을 포괄하여 설명하는 통합적 전이모형을 제시하였다. 통합적 전이모형에 따르면 첫번째 단계에서 학습자의 능력, 학습동기, 학습반응은 학습자의 학습에 1차 영향을 미치고, 학습자의 특성, 직무태도, 학습준비도가 학습동기를 통해 학습자의 학습에 2차 영향을 미친다. 두번째 단계에서 학습자의 학습이 전이동기에 영향을 미치며, 학습자의 학습은 전이동기, 전이풍토와 함께 학습성과에 영향을 미치고, 학습자의 학습성과는 결국 조직의 성과로 이어진다고 주장하였다〈그림 1〉.

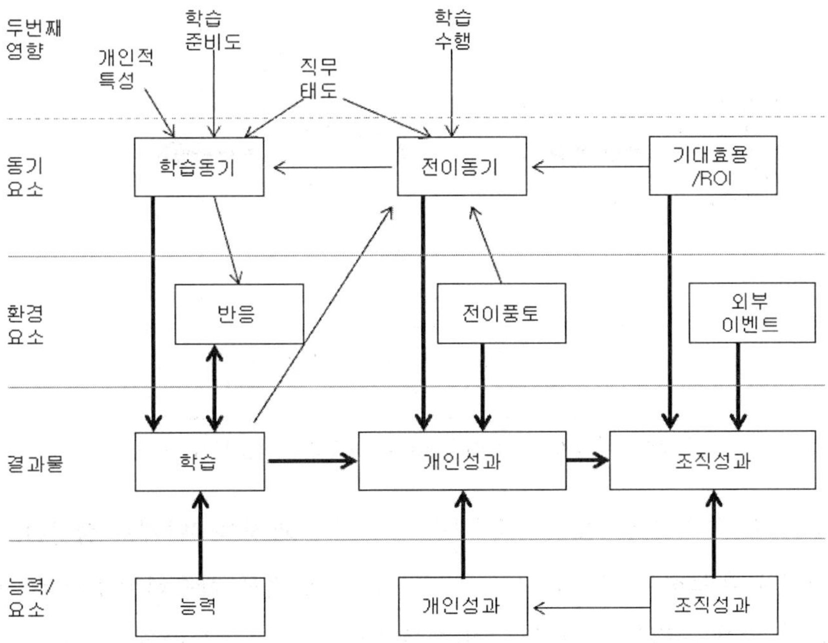


▌그림 1▐ Holton III(1996)의 통합적 전이모형

학습전이 연구에서 근전이(near transfer)와 원전이(far transfer)의 개념은 Royer(1979)에 의해 처음 제시되었으며, 학습자가 학습내용을 직무상황에서 활용하는 것을 근전이, 학습한 내용의 원리에 입각하여 다양한 상황에서 변형하여 폭넓게 활용하는 것을 원전이라고 정의했다(Perkins & Salomon, 1992; 금혜진 · 정재삼, 2007). 관련 연구들을 살펴보면 Holton III & Baldwin(2003)은 학습전이 시스템 모형과 전이거리 모형에서 학습자 또는 팀이 학습 과정을 거쳐 개인 또는 팀의 성과로 연결되는 과정에서 학습 활동을 수행한 초기 단계에서는 학습 내용을 그대로 적용하는 근전이가 발생하고 근전이가 직무현장에서 적용되는 과정에서 다양한 상황과 경험을 통해 순차적으로 원전이가 발생하여 학습성과로 연결된다고 설명했다〈그림 2〉.

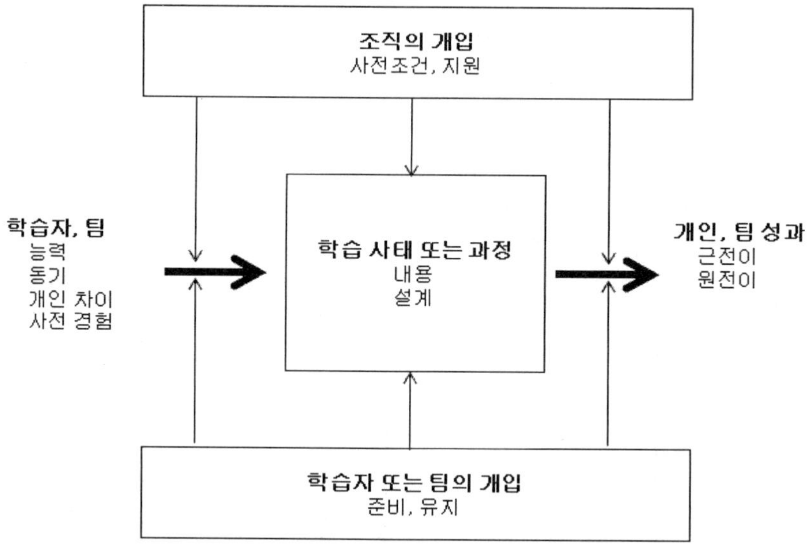


**｜그림 2｜** Holton III & Baldwin(2003)의 학습전이 시스템

Holton III & Baldwin(2003)은 학습과 전이의 과정을 6단계로 설명하고 있는데, 지식을 획득하는 1단계, 지식을 활용하는 방법을 학습하는 2단계, 지식을 활용하기 위한 능력을 습득하는 3단계로 학습과정을 구분하고 있으며, 직무 숙달을 위해 활용하는 4단계, 학습된 행동 또는 전이행동을 반복하는 5단계, 다양

한 직무상황에서 학습된 내용을 변형하여 응용하는 6단계로 전이와 관련된 전이 과정을 설명하고 있다. 전이거리 모형에 의하면 전이과정의 단계는 연속적이고 순차적인 과정에 의해 발생한다고 주장하고 있다〈그림 3〉. 전이거리 모형에서 근전이는 4단계인 '직무의 숙달을 위한 활용(application for job-specific proficiency)'에 해당하며 원전이는 6단계인 '원전이를 위한 일반화'에 해당하며, 근전이가 5단계인 '활용의 반복과 유지'의 과정을 거쳐서 원전이로 발전하는 것으로 설명하고 있다. 금혜진 · 정재삼(2007)은 연구를 통해 근전이가 원전이의 예측변수임을 검증했으며, 원전이를 향상시키기 위해서는 근전이 행동을 활성화할 수 있는 방안을 찾아야 한다고 주장하고 있다. 현영섭(2004)은 학습을 한 후 발생하는 근전이는 원전이의 발생에 영향을 주고, 근전이 경험의 성찰이 원전이에 가장 중요한 영향을 준다고 보고하고 있다.

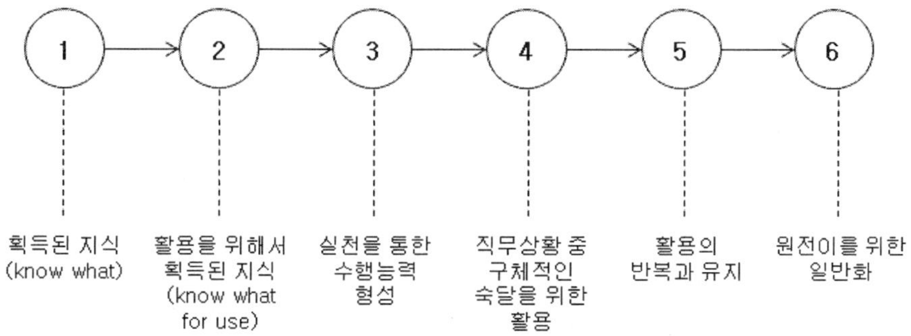


▌그림 3▐ Holton III & Baldwin(2003)의 전이거리 모형

무형식학습은 형식학습 보다 사회 과정(social process)에 지배적인 영향을 미치고, 사회 과정의 역동 속에서 더 많은 학습전이가 발생할 수 있다(Enos, Kehrhahn, & Bell, 2003). 이는 실행공동체와 같은 무형식 학습의 맥락은 지식을 습득하고 학습하는 상황이 형식 학습 맥락 보다 업무현장과의 유사성과 관련성이 높기 때문에 다양한 상황에서 원리와 개념을 변형시켜 활용하는 원전이의 발생에 긍정적인 영향을 줄 수 있으며, 이는 업무현장에서 형식학습 보다 쉽게 전이될 가능성이 높다고 볼 수 있다(배을규 · 정보라 · 이민영, 2013).

Chapter 03

# 실행공동체 영향요인이 만족도와 학습문화 활성화에 미치는 영향

## 1. 연구설계

### (1) 연구모형 및 가설설계

본 연구의 목적은 L전자 사내 연구원들의 실행공동체 활동이 실행공동체 만족도를 통해 학습문화 활성화에 영향을 미치는 지를 검증하는 것이다. 선행연구를 기반으로 연구의 개념적 모형은 〈그림 4〉와 같이 구성되었다. 실행공동체 만족도에 영향을 미치는 변수들은 다양하지만, 본 연구에서는 실행공동체에 참여하는 개인특성으로서의 개인요인, 실행공동체 멤버들 상호간 관계 강화요인으로서 상호작용요인, 실행공동체 활동에 대한 조직의 지원활동으로서 지원요인, 실행공동체가 속해있는 조직의 학습풍토로서 환경요인에 초점을 두고 모형을 수립하였다.

실행공동체의 주요 영향요인들이 실행공동체 만족도에 영향을 주고, 다시 만족도는 학습문화 활성화에 연쇄적인 영향력이 있음을 가정하고 있다. 또한 실행공동체의 성숙도에 따라 성숙집단과 미성숙집단을 나누어 실행공동체 관련 변수의 차이분석을 이루고자 했다.

실행공동체 만족도는 실행공동체 활동에 대한 태도로 실행공동체의 성과에 영향을 미치며 다양한 요인들에 의해 영향을 받을 수 있다(Locke, 1976; 신유근, 1994). 무엇보다 참여하는 개인적인 측면에서 참여동기, 호혜성, 자기효능감 등 개인이 가지고 있는 특성들은 실행공동체에 참여하는 태도에 중요한 영향을 미칠 수 있다. 많은 선행연구들에서 이러한 개인요인들이 실행공동체의 지식공유, 참여, 몰입, 만족, 성과에 긍정적인 영향을 미친다고 제시하고 있다(고윤정 등, 2014; 이홍재 등, 2013).

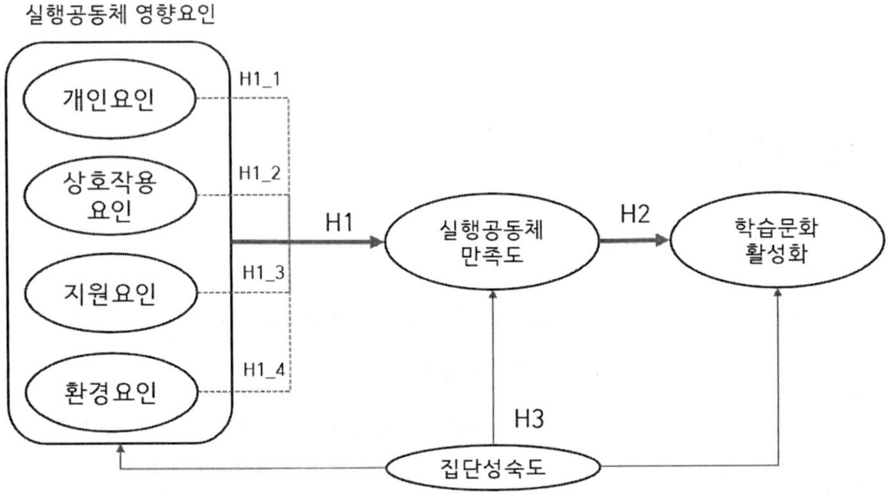


▌그림 4▌ **연구모형**

상호작용적 측면에서는 멤버간 신뢰, 친밀감, 커뮤니케이션 등의 요인이 실행공동체의 멤버간 네트워킹, 협력과 지식 교류를 강화시켜 실행공동체 참여 전에 가졌던 기대감을 충족시킬 수 있다. 이러한 상호작용성과 신뢰는 몰입, 지식공유 의도, 지식통합에 긍정적인 영향을 미친다(박경수 · 오승원, 2014; 이건호 등, 2014).

지원 요인적 측면에서는 리더의 지원, 보상제도, 조직의 후원 등의 요인들이 제시될 수 있다. 실행공동체에 쉽게 참여할 수 있는 분위기를 조성하며, 실행공동체 활동의 참여도를 높이게 되므로 만족도에 영향을 미치는 중요한 요인으로 작용할 수 있다(류성렬 등, 2009; 방유성 · 이명성, 2000). 또한, 조직 내 학습지향 풍토, 변화에 대한 개방성, 새로운 방식의 직무 적용을 장려하는 환경이 조성되어 있으면 자율적으로 학습하고, 학습에서 습득한 새로운 방식을 적용함으로써 얻는 성취감과 학습 만족도가 높아질 수 있다. 이러한 측면에서 협력성, 혁신성, 공정성 등의 요인이 환경 요인으로 정의되며, 지식공유와 네트워킹 활동에 긍정적 영향을 미친다는 연구결과가 제시되고 있다(장희영 · 고일상, 2012). 따라서 본 연구에서는 실행공동체의 이러한 네 가지 측면의 영향요인과 실행공동체의 만족도와의 관련성을 분석하고자 한다.

H1: 실행공동체 활동에 영향 요인은 실행공동체 만족도에 정(+)의 영향을 미칠 것이다.

H1_1: 실행공동체 활동에 영향을 미치는 개인요인은 실행공동체 만족도에 정(+)의 영향을 미칠 것이다.

H1_2: 실행공동체 활동에 영향을 미치는 상호작용요인은 실행공동체 만족도에 정(+)의 영향을 미칠 것이다.

H1_3: 실행공동체 활동에 영향을 미치는 지원요인은 실행공동체 만족도에 정(+)의 영향을 미칠 것이다.

H1_4: 실행공동체 활동에 영향을 미치는 환경요인은 실행공동체 만족도에 정(+)의 영향을 미칠 것이다.

실행공동체 활동에 참여하는 개인의 특성과 상호작용, 조직의 지원, 조직의 환경요인은 실행공동체의 성과에 영향을 미치며, 조직구성원들이 심리적, 주관적인 만족도인 직무만족에 긍정적인 영향을 미친다(신형재 등, 2013). 그리고 결국 실행공동체의 만족도는 멤버 간 네트워킹, 개인의 발전, 조직성과의 창출에 기여하는 가치 있는 결과물 창출로 이어짐으로써 지속적인 공동체 활동을 가능하게 하며, 이는 곧 조직 학습문화 활성화에 긍정적 영향을 미치게 된다(Agarwal & Karahanna, 2000; Nonaka & Takeuchi, 1995; 고윤정 등, 2014).

H2: 실행공동체 만족도가 높을수록 조직 내 학습문화 활성화가 강화될 것이다.

실행공동체는 자생적으로 발달하여 잠재, 병합, 성숙, 유지, 전환의 진화 과정을 거치며, 이러한 단계에 따라 실행공동체의 활동성 및 참여하는 구성원들의 학습 성취, 만족의 정도는 다르다(Wenger et al., 2002). 실행공동체에 대한 만족도는 개인의 참여 기간과 높은 상관관계가 있으며(Nunnally & Bernstein, 1994), 참여 기간은 동기, 보상과 지식공유 활동간 조절효과가 있다(김인학 등, 2010). 실행공동체가 성숙기에 이르면 학습조직으로 발달하게 되고(최종진 등, 2008), 성숙된 실행공동체에서는 지식공유와 창출이 활발하게 일어난다(이정은 · 김진모, 2008).

H3: 실행공동체 집단 성숙도에 따라 영향요인과 만족도, 학습문화 활성화 요인별 차이를 나타낼 것이다.

### (2) 조작적 변수 정의

#### 1) 실행공동체 영향요인

실행공동체의 영향요인 중 개인요인, 상호작용요인, 지원요인, 환경요인을 독립변수로 사용하였으며, 이홍재 등(2013), 고윤정 등(2014)의 연구를 바탕으로 개인요인은 '참여자의 개인특성'으로 정의하였으며, 이를 측정하기 위해 선행연구에서 이용한 문항을 수정, 보완하여 참여 동기, 호혜성, 자기효능감 7개 문항을 활용하였다. 상호작용요인은 고윤정 등(2014), 정의상(2005), 김영순(2005)의 연구를 바탕으로 '멤버들 상호간 관계 강화 요인'으로 정의하였으며, 이를 측정하기 위해 선행연구에서 활용한 문항을 수정, 보완하여 멤버간 신뢰, 친밀감, 커뮤니케이션 8개 문항을 활용하였다.

지원요인은 박문수 · 문형구(2004), 정의상(2005), 이홍재 등(2013)의 연구를 바탕으로 '조직의 지원 활동'으로 정의하였으며, 이를 측정하기 위해 선행연구에서 이용한 문항을 수정, 보완하여 리더의 지원, 보상제도, 전문적 지원 5개 문항을 활용하였다. 환경요인은 윤태인(2012)의 연구를 바탕으로 '실행공동체가 속해 있는 조직의 학습풍토'로 정의하였으며, 이를 측정하기 위해 선행연구에서 이용한 문항을 수정, 보완하여 학습지원풍토, 변화 개방성, 새로운 시도에 대한 동료 지지 6개 문항을 활용하였다.

### 2) 실행공동체 만족도

실행공동체의 만족도를 매개변수로 사용하였으며, 이기환(2003)과 윤태인(2012)의 연구를 바탕으로 실행공동체의 만족도를 '실행공동체에 참여한 후 참가자가 느끼는 정서적 느낌'으로 정의한다. 이를 측정하기 위해 선행연구에서 이용한 문항을 수정, 보완하여 사전 기대에 대한 충족, 전반적 만족도, 추천의도 3개 문항을 활용하였다.

### 3) 학습문화 활성화

실행공동체의 종속변수로서 실행공동체의 학습문화 활성화를 사용하였다. 학습문화가 활성화된 실행공동체는 멤버들이 학습 활동을 할 때 높은 몰입도를 보이며, 멤버 간 지식공유가 활발하게 이루어진다(Agarwal & Karahanna, 2000; Nonaka & Takeuchi, 1995). 이에 본 연구에서는 Agarwal & Karahanna (2000), Nonaka & Takeuchi(1995), 고윤정 등(2014)의 연구를 중심으로 학습문화 활성화를 '학습 활동에 대한 몰입과 지식 제공/활용 활동'으로 조작적으로 정의하였으며, 이를 측정하기 위해 선행연구에서 이용한 문항을 수정, 보완하여 몰입과 지식공유의 5개 문항을 활용하였다.

**| 표 13 | 구성개념별 조작적 정의**

| 연구변수 | | 조작적 정의 | 측정항목 | 문항의 출처 |
|---|---|---|---|---|
| 영향 요인 | 개인 요인 | 참여자의 개인 특성 | 참여동기, 호혜성, 자기효능감 | 고윤정 등(2014), 김영순(2005), 김인학 등(2010), 박문수 · 문형구(2004) 윤태인(2012), 이홍재 등(2013), 정의상(2005) |
| | 상호 작용 요인 | 멤버들 상호간 관계 강화 요인 | 멤버간 신뢰, 친밀감, 커뮤니케이션 | |
| | 지원 요인 | 조직의 지원 활동 | 리더의 지원, 보상제도, 전문적 지원 | |

| 연구변수 | | 조작적 정의 | 측정항목 | 문항의 출처 |
|---|---|---|---|---|
| | 환경 요인 | 실행공동체가 속해 있는 조직의 학습 풍토 | 학습지향풍토, 변화 개방성, 새로운 시도에 대한 동료 지지 | |
| 만족도 | | 참여자가 느끼는 정서적 느낌 | 사전 기대 충족, 전반적 만족도, 추천의도 | 이기환(2003), 윤태인(2012) |
| 학습문화 활성화 | | 학습 활동에 대한 몰입과 지식 제공/활용 활동 | 몰입, 지식공유 | Agarwal & Karahanna(2000), 고윤정 등(2014), Nonaka & Takeuchi(1995) |

### (3) 자료수집

선행연구를 기반으로 목적에 맞게 수정하여 개발한 설문 항목들에 대하여 실행공동체를 실제 지원하고 있는 지원조직의 책임자 3명에게 설문 항목 및 내용의 타당성을 검증받았다. 이후 실행공동체에 참여하고 있는 멤버 10명을 대상으로 파일럿 테스트를 실시하여 설문지 문항 내용 및 구성에 대한 의견 수렴을 통해 설문지 내용과 항목들을 개선하였다.

설문 수집은 L전자의 사내 온라인 설문 시스템을 통해서 사업본부에서 양산단계의 연구개발 업무를 수행하는 연구개발 직군 내 실행공동체 경험자들을 대상으로 약 2주간 1차 총 800부, 2차 총 119부를 배포하였으며, 총 회수된 426부 중 불성실하게 응답하여 분석에 사용하기 어렵다고 판단한 55부를 제외한 371부를 SPSS 22.0 프로그램을 이용하여 설문분석을 실시하였다.

실행공동체의 성숙집단의 구분에 대한 기존 선행연구가 존재하지 않기 때문에 기준을 마련하기 위해 실행공동체 경험자 및 관련 전문가 10명의 인터뷰를 실시하였다. 이 결과 실행공동체는 자율적으로 운영되기 때문에 개설 초기에는 활발한 활동을 하지만, 기간이 길어질수록 활동성이 낮아지는 경향이 있다는 특성을 파악하였다. 그리고 이를 기반으로 자발적으로 월 1회 정도의 활동을 2년 이상 지속하는 실행공동체는 지속화 가능성이 높은 성숙단계에 접어든 집단으로 판단될 수 있다고 다수 의견에 따라 본 연구에서는 최소 2년 이상 운영되는 실행공동체 중 연간 10회 이상 자율적으로 활동을 전개한 실적이 있는지에 따라 성숙집단과 미성숙집단을 분류하였다. 이를 기준으로 성숙 실행공동체 119부, 미성숙 실행공동체 152부로 분류하여 분석을 진행하였다.

## 2. 실증분석

### (1) 표본 특성

표본의 특성은 〈표 14〉와 같다. 응답자의 94.8%가 남성이며, 25세~34세가 68.3%이고, 학사와 석사가 95.2%, HW, SW, 기타 연구개발 직군이 고르게 참여하였다. 참여주기는 월1회 참여가 42.1%를 차지하였고, 응답자들은 3개월 이내에서 5년 이상의 활동기간으로 실행공동체에 참여한 것으로 나타났다.

**❙표 14❙ 표본 특성**

| 구분 | | 빈도 | 비율 | 구분 | | 빈도 | 비율 |
|---|---|---|---|---|---|---|---|
| 성별 | 남성 | 257 | 94.8 | 참여주기 | 주1회 | 83 | 30.6 |
| | 여성 | 14 | 5.2 | | 격주1회 | 40 | 14.8 |
| **합계** | | **271** | **100** | | 월1회 | 114 | 42.1 |
| 연령 | 25세~29세 | 79 | 29.2 | | 분기1회 | 7 | 2.6 |
| | 30세~34세 | 106 | 39.1 | | 반기1회 | 11 | 4.1 |
| | 35세~39세 | 48 | 17.7 | | 년1회 | 16 | 5.9 |
| | 40세~44세 | 18 | 6.6 | **합계** | | **271** | **100** |
| | 45세~49세 | 16 | 5.9 | 성숙도 | 미성숙 | 152 | 52.6 |
| | 50세~55세 | 4 | 1.5 | | 성숙 | 119 | 47.4 |
| 합계 | | 271 | 100 | 합계 | | 271 | 100 |

| 구분 | | 빈도 | 비율 | 구분 | | 빈도 | 비율 |
|---|---|---|---|---|---|---|---|
| 학력 | 전문대졸 | 7 | 2.6 | 활동기간 | 3개월 이내 | 102 | 37.6 |
| | 학사 | 178 | 65.7 | | 6개월 이내 | 57 | 21 |
| | 석사 | 80 | 29.5 | | 1년 이내 | 34 | 12.5 |
| | 박사 | 6 | 2.2 | | 2년 이내 | 52 | 19.2 |
| **합계** | | **271** | **100** | | 3년 이내 | 14 | 5.2 |
| 직군 | HW | 103 | 38 | | 4년 이내 | 4 | 1.5 |
| | SW | 77 | 28.4 | | 5년 이내 | 3 | 1.1 |
| | 기타 | 91 | 33.6 | | 5년 이상 | 5 | 1.8 |
| **합계** | | **271** | **100** | **합계** | | **271** | **100** |

### (2) 측정도구의 타당도 및 신뢰도 분석

측정도구의 타당도와 신뢰도 평가를 실시하였으며, 타당성을 검증하기 위해 독립변수에 대한 탐색적 요인분석을 실시하였다. 주성분분석을 이용하여 요인을 추출하였고, 요인의 회전방법은 베리맥스법을 이용하였으며, 고유값이 1.0 이상인 요인들이 선정되도록 하였다. 요인적재치가 0.5이상이면 유의한 것으로 판단하였다.

탐색적 요인분석을 통해 개인요인 7개 문항 중 3개 문항, 상호작용요인 8개 문항 중 4개 문항, 지원요인 5개 문항 중 5개 문항, 환경요인 6개 문항 중 4개 문항, 실행 공동체 만족도 3개 문항 중 3개 문항, 학습문화 활성화 5개 문항 중 5개 문항을 분석에 활용하였다. 설문조사에 활용된 측정항목은 Likert 5점 척도를 이용하였다.

요인분석을 실시한 결과는 〈표 15〉에 제시되어 있으며, 독립변수, 매개변수, 종속변수에 대한 요인분석 결과는 측정항목들이 각 구성개념들과 일치하는 것으로 나타났다. 요인분석의 결과를 토대로 연구변수의 내적 일관성을 확인하기 위해 Cronbach's & α값을 확인하였으며, 독립변수는 개인요인 0.720, 상호작용요인 0.888, 지원요인 0.902, 환경요인 0.885, 매개변수인 실행공동체 만족도는 0.913, 종속변수인 학습문화 활성화는 0.913으로 모두 0.7이상으로 나타났으므로 내적 일관성을 확보하였다(Nunnally & Bernstein, 1994).

또한 상관관계 분석을 통해 각 잠재변수들의 기초통계량과 상관관계를 분석한 결과 $p<0.05$ 수준에서 통계적으로 유의한 정의 관계에 있음을 확인하였다. 매개변수인 만족도는 독립변수 중 상호작용요인과 가장 높은 상관성을 가지며, 종속변수인 학습문화 활성화와도 유의한 정의 상관성을 가지고 있는 것으로 나타났다〈표 16〉.

**▌표 15▌ 타당도 및 신뢰도 분석 결과**

| 구분 | | | 측정항목 | 요인 적재량 | Cronbach's α | 고유치 | 분산 설명 |
|---|---|---|---|---|---|---|---|
| 실행 공동체 영향 요인 | 개인 요인 | 개인6 | 지식/노하우 제공 역량 보유 | 0.814 | 0.720 | 1.076 | 12.825 |
| | | 개인7 | 관련 경험, 정보, 지식을 보유 | 0.805 | | | |
| | | 개인4 | 조직의 인정과 칭찬 | 0.600 | | | |
| | 상호 작용 요인 | 상호2 | 회원들의 운영 기준 준수 신뢰 | 0.776 | 0.888 | 1.522 | 21.209 |
| | | 상호4 | 회원들간 친숙한 관계 유지 | 0.709 | | | |
| | | 상호3 | 회원들간 아이디어 보호에 대한 신뢰 | 0.702 | | | |
| | | 상호1 | 회원들의 지식과 노하우에 대한 신뢰 | 0.680 | | | |
| | 지원 요인 | 지원3 | 활동에 대한 평가 및 보상제도 | 0.828 | 0.902 | 8.037 | 21.510 |
| | | 지원4 | 활동에 대한 인정과 칭찬 | 0.788 | | | |
| | | 지원1 | 경영자의 관심과 지원 | 0.730 | | | |
| | | 지원2 | 활성화를 위한 환경 조성 노력 | 0.706 | | | |
| | | 지원5 | 전담부서의 체계적인 운영 | 0.659 | | | |
| | 환경 요인 | 환경3 | 새로운 방식에 대한 동료들의 개방성 | 0.788 | 0.885 | 1.338 | 19.286 |
| | | 환경2 | 상호학습에 대한 동료들의 익숙함 | 0.782 | | | |

| 구분 | | 측정항목 | 요인적재량 | Cronbach's α | 고유치 | 분산설명 |
|---|---|---|---|---|---|---|
| | 환경5 | 동료들간 유익한 정보 제공 | 0.728 | | | |
| | 환경4 | 변화와 혁신에 대한 동료의 긍정적 평가 | 0.714 | | | |
| 실행공동체 만족도 | 만족1 | 전반적인 활동 만족도 | 0.945 | 0.913 | 2.561 | 85.365 |
| | 만족2 | 활동 전 기대사항 충족 정도 | 0.929 | | | |
| | 만족3 | 타인의 활동 참여 추천 | 0.897 | | | |
| 학습문화 활성화 | 활성3 | 시간이 빨리 간다고 느낌 | 0.876 | 0.907 | 3.641 | 72.829 |
| | 활성1 | 활동 자체에 집중함 | 0.858 | | | |
| | 활성5 | 즐거움을 느낌 | 0.855 | | | |
| | 활성4 | 지식과 노하우의 제공 | 0.845 | | | |
| | 활성2 | 공유된 지식과 노하우의 활용 | 0.832 | | | |

**▌표 16▌ 상관관계 분석 결과**

| 연구변수 | 1 | 2 | 3 | 4 | 5 | 6 |
|---|---|---|---|---|---|---|
| 1. 개인요인 | 1 | | | | | |
| 2. 상호작용요인 | .512** | 1 | | | | |
| 3. 지원요인 | .445** | .638** | 1 | | | |
| 4. 환경요인 | .400** | .656** | .660** | 1 | | |
| 5. 실행공동체 만족도 | .478** | .670** | .542** | .519** | 1 | |
| 6. 학습문화 활성화 | .638** | .776** | .612** | .665** | .759** | 1 |

주) * p 〈 0.1, ** p 〈 0.05, *** p 〈 0.01

## (3) 연구 가설의 검증

### 1) 가설 검증 결과

연구모형 및 가설검증을 위해 다중회귀분석을 실시하였다〈표 18〉. 다중회귀분석 결과 모델의 설명력은 49.1%(R2 =.491)로 나타났으며, 회귀식의 F값은 64.129(p〈0.01))으로 통계적으로 타당한 것을 확인하였다. 다중공선성을 확인하기 위해 공차한계와 분산팽창요인(VIF)를 확인하였으며, 공차한계는 0.452 ~ 0.714, 분산팽창요인(VIF)은 1.401~2.212로 다중공선성에 문제가 없는 것을 확인하였다. 각 독립변인의 유의성을 검증한 결과 개인요인은 다른 세 변수(상호작용요인, 지원요인, 환경요인)가 회귀식에 포함되어 있는 경우 유의하며 긍정적 영향을 미치는 것으로 나타났으며, 상호작용요인과 지원요인 역시 통계적으로 유의하며 긍정적인 영향을 미치는 것으로 나타났다.

실행공동체 영향요인은 만족도에 유의한 영향을 미치는 것으로 나타났으며, 실행공동체 영향요인 중 '환경요인'이 실행공동체 만족도에 유의한 영향을 미치지 못하는 것으로 분석되었다.

채택된 세 개 요인 중에서는 상호작용 요인이 가장 큰 영향을 미치는 것으로 나타났으며, 개인요인, 지원요인, 환경요인의 순으로 영향력이 큰 것으로 나타났다. 실행공동체 만족도와 학습문화 활성화에 대한 회귀분석결과 57.6%(R2

**❙표 17❙ 가설검증 회귀분석 결과**

| 종속변수 | 독립변수 | 회귀계수 | t | F | 공선성 통계량 | | 가설채택여부 |
|---|---|---|---|---|---|---|---|
| | | | | | 공차 | VIF | |
| 만족도 | 실행공동체 영향요인 | 0.675 | 14.990 | 224.699*** | 1.000 | 1.000 | 채택 |
| 만족도 | 개인요인 | 0.156 | 3.013*** | 64.129*** | 0.714 | 1.401 | 채택 |
| | 상호작용요인 | 0.462 | 7.100*** | | 0.452 | 2.212 | 채택 |
| | 지원요인 | 0.136 | 2.146** | | 0.480 | 2.084 | 채택 |
| | 환경요인 | 0.064 | 1.002 | | 0.471 | 2.123 | 기각 |
| 모형요약 : R = .701 / R2 = .491 | | | | | | | |
| 학습문화 활성화 | 만족도 | 0.759 | 19.111*** | 365.244*** | | | 채택 |
| 모형요약 : R = .759 / R2 = .576 | | | | | | | |

주) * p 〈 0.1, ** p 〈 0.05, *** p 〈 0.01

=.576)로 나타났으며, 회귀식의 F값은 365.244(p〈0.01)으로 통계적으로 타당한 것을 확인되어 결과적으로 실행공동체 만족도가 높으면 학습문화 활성화에 긍정적 영향을 미치는 것으로 나타났다〈표 17〉.

### 2) 성숙도에 따른 요인별 평균 차이 분석

실행공동체의 성숙도에 관해 보다 상세한 사항을 파악함으로써 기업과 실행공동체 지원조직에게 실행공동체 운영을 위한 유용한 가이드를 제공할 수 있게 된다. 이를 위해 실행공동체와 관련하여 좀 더 세부적인 요인을 이해하기 위해 실행공동체를 성숙집단과 미성숙집단으로 나누어 집단 간 변수의 차이를 분석하였다. 〈표 18〉는 성숙도에 따른 변수들의 통계량 및 집단 간 T-test 분석을 실시한 결과이다.

실행공동체 영향요인은 t값 −3.590, p〈0.01, 개인요인은 t값 −2.624, p〈0.01, 상호작용요인은 t값 −3.812, p〈0.01, 지원요인은 t값 −2.871, p〈0.01, 환경요인은 t값이 −2.035, p〈0.05로 나타나 실행공동체의 각각의 영향요인은 미성숙집단과 성숙 집단 간 평균의 차이는 있다고 할 수 있다. 매개변수인 만족도의 t값이 −5.063, p〈0.01이고, 종속변수인 학습문화 활성화의 t값이 −3.390, p〈0.01이므로 각 요인별로 미성숙집단과 성숙 집단 간 평균의 차이는 있다고 할 수 있다.

미성숙집단과 성숙집단 간 평균차이는 상호작용요인(−0.32), 지원요인(−0.31), 개인요인(−0.25), 환경요인(−0.20)의 순서로 크게 나타났다. 실행공동체 활동이 오래되지 못한 미성숙집단의 경우 모든 요인 측면에서 성숙집단 보다 낮은 평균점수를 보여 전체적인 실행공동체 활동에 대한 만족도나 활성화가 성숙집단에 비해 낮을 수 밖에 없다는 기존 가정을 그대로 보여주었다. 그러나 미성숙집단과 성숙집단 모두 상호작용요인, 환경요인, 개인요인, 지원요인의 순으로 영향도를 평가함으로써 특별히 요인별 집단 차이를 나타내지 않았다. 결과적으로 실행공동체 활동에 있어 멤버간의 상호작용이 가장 중요한 변수로 작용할 수 있음을 확실히 보여주고 있으며, 결국 환경이나 지원적 요인보다 실행 공동체 활동의 상호 작용성이 활발하게 이루어질 수 있도록 관리 또는 지원하는 것이 기업 내 연구개발 집단들의 실행공동체를 성공적으로 이끄는데 무엇보다 중요할 수 있음을 보여준다.

**▌표 18▐ 성숙집단과 미성숙집단의 통계량 및 독립표본 T-test 결과**

| 변수 | 집단 | N | 평균 | 표준편차 | t | 평균차이 |
|---|---|---|---|---|---|---|
| 실행공동체 영향요인 | 미성숙 집단 | 152 | 3.43 | 0.67 | -3.590*** | -0.28 |
| | 성숙집단 | 119 | 3.71 | 0.60 | | |
| 개인요인 | 미성숙 집단 | 152 | 3.21 | 0.76 | -2.624*** | -0.25 |
| | 성숙집단 | 119 | 3.47 | 0.81 | | |
| 상호작용요인 | 미성숙 집단 | 152 | 3.79 | 0.79 | -3.812*** | -0.32 |
| | 성숙집단 | 119 | 4.11 | 0.61 | | |
| 지원요인 | 미성숙 집단 | 152 | 3.12 | 0.90 | -2.871*** | -0.31 |
| | 성숙집단 | 119 | 3.43 | 0.85 | | |
| 환경요인 | 미성숙 집단 | 152 | 3.56 | 0.78 | -2.035** | -0.20 |
| | 성숙집단 | 119 | 3.76 | 0.80 | | |
| 실행공동체 만족도 | 미성숙 집단 | 152 | 3.43 | 1.00 | -5.063*** | -0.56 |
| | 성숙집단 | 119 | 3.99 | 0.83 | | |
| 학습문화 활성화 | 미성숙 집단 | 152 | 3.68 | 0.85 | -3.390*** | -0.32 |
| | 성숙집단 | 119 | 4.00 | 0.71 | | |

주) * $p < 0.1$, ** $p < 0.05$, *** $p < 0.01$

### (4) 연구 결과 및 논의

본 연구에서는 연구개발 인력들에 있어서 실행공동체의 개인요인, 상호작용요인, 지원요인, 환경요인이 실행공동체의 만족도에 미치는 영향과 만족도가 학습문화 활성화에 미치는 영향 관계를 알아보았다. 특히 실행공동체를 성숙집단과 미성숙집단으로 구분하고 요인별 차이가 있는지에 대한 비교분석을 실시하였다.

분석결과 개인요인, 상호작용요인, 지원요인은 실행공동체 만족도에 영향을 주지만, 환경요인은 영향을 주지 않는 것으로 나타났으며, 실행공동체 만족도는 학습문화 활성화에 긍정적인 영향을 미치므로 실행공동체 활동의 만족도가 형성될 때 학습문화 활성화로 이어질 수 있음을 증명했다. 전체 집단에서 평균이 가장 높은 요인은 상호작용 요인이었으며, 상대적으로 개인요인과 지원요인의 중요도는 낮았다. 이러한 결과는 성숙집단과 미성숙집단의 집단 구분에서 특별한 차이를 나타내지 않았다. 집단 차이 분석 결과에서는 요인별 차이보다는 미성숙집단이 성숙집단보다 모든 요인 면에서 낮은 결과를 보여 결국 실행공동체 활동의 경우 성숙도가 높아질수록 영향요인의 영향도도 커지고, 만족도나 활성화가 증가한다는 사실을 알 수 있었다.

결과적으로 본 연구의 학문적 의의는 두가지 측면에서 강조될 수 있다. 우선 실행공동체에 대한 기존연구 중 성숙도와 관련한 연구는 동기와 지식공유 활동 간 개인 참여기간의 조절효과에 관한 연구로서 개인적 차원의 활동 참여 성숙도에 대한 연구(김인학 등, 2010), 기업단위의 실행공동체 운영 수준을 성숙단계를 구분하여 비교한 연구(장희영 · 고일상, 2012)로서 개인과 기업에 초점이 맞추어 진행하였지만, 본 연구는 실행공동체의 실제 주체인 공동체 집단을 대상으로 만족도와 활성화에 직접적인 영향을 미치는 요인들을 정의하였고, 특히 실행공동체 활성화가 많이 이루어지는 연구개발군을 대상으로 실행공동체의 영향요인과 만족도 및 활성화에 대한 관계성을 밝혔다는 측면에서 학문적 의의를 찾을 수 있겠다. 더욱이 실행공동체 집단의 성숙도에 대한 접근을 시도하여 성숙집단과 미성숙집단간의 요인별 차이점을 비교 분석함으로써 실행공동체 집단의 보다 발전적인 연구 방향에 대한 시각과 지속가능성에 대한 관점을 제시하였다.

또한 본 연구를 기반으로 연구개발 인력의 실행공동체를 활성화하기 위해서는 실무적으로 다음과 같은 점을 생각해 볼 수 있다. 첫째, 연구개발 직군의 실행공동체를 활성화하기 위해서는 실행공동체 영향요인을 종합적으로 고려하여야 한다. 실행공동체 영향요인 중 멤버 간 신뢰와 친숙한 관계 등 상호작용요인의 영향력이 가장 크게 나타났다. 실행공동체 내 상호작용성은 실행공동체의 리더와 멤버간의 관계나 노력에 의해 단시간에 형성될 수도 있지만, 시간이 지나도 상호작용성이 형성되지 않거나 줄어들 수 있다. 신뢰와 친밀감 등 상호작용성이 높은 실행공동체는 오프라인 활동을 주기적으로 실시하고 있으므로 실행공동체를 지원하는 조직은 실행공동체의 자발성을 훼손하지 않으면서도 오프라인 활동을 촉진시켜 상호작용성이 높아질 수 있도록 지원할 필요가 있다. 또한, 개인요인과 지원요인 역시 유의한 영향요인이므로 개인의 동기가 지속될 수 있도록 조직과 리더의 관심과 지원이 표명될 수 있도록 해야 하며, 실행공동체의 활동에 대한 평가와 보상 등 외재적 보상과 아울러 인정과 칭찬 등의 내재적 보상을 함께 고려해야 한다.

둘째, 실행공동체의 성숙도를 고려하여 실행공동체 활성화 활동을 전개해야 한다. 연구 결과와 같이 연구개발 직군의 경우 성숙된 만큼 높은 만족도와 활성화를 기대할 수 있는 만큼 실행공동체의 지속화와 성숙화에 대한 고려가 필요하다. 성숙된 실행공동체에서도 개인별 참여의 기간이 다양하기 때문에 개인별 참여 시기에 따라 다른 패턴이 나타날 수 있다. 초기 1~2년 동안 전문가로서 지식을 공급하면서 왕성하게 활동을 할 수 있지만, 일정 기간이 지난 뒤 지식의 고갈이 되어 새로운 지식을 습득하는 시기로 들어가면 활동의 참여도가 낮아질 수 있다. 또한 초기 자발성을 토대로 전개된 활동이 어느 정도 개인과 실행공동체가 성숙기로 접어들게 되면 실행공동체 활동에 대한 기대하는 바가 달라질 수 있다. 활동의 성숙도에 따라서 개인과 집단의 지원 내용, 평가와 보상, 결과물의 조직적 인정 등 활동 촉진 프로그램을 변화시킬 필요가 있다.

셋째, 실행공동체의 자발성을 훼손하지 않는 범위 내에서 지원조직은 다양한 역할을 수행해야 한다. 실행공동체 구성 초기 단계에서는 리더와 멤버가 실행공동체를 어떻게 운영해야 할 지 몰라서 초기 시행착오를 많이 겪을 수 있다. 지원조직은 실행공동체 운영 매뉴얼을 만들어 제공하여 초기 정착을 지원해야 하며, 운영 매뉴얼에는 운영 기준 수립 절차, 리더와 멤버의 역할, 학습 주제와 학습방식 등에 대한 기본적인 내용이 담겨야 한다. 또한 실행공동체 리더에게는 별도로 실행공동체 운영상 나타날 수 있는 예상 문제점과 갈등 관리, 과제 관리 등에 대한 코칭을 실시할 필요가 있다. 또한, 온라인 미팅과 오프라인 미팅 활동 주기를 관찰하고, 상호작용성을 높일 수 있는 촉진 프로그램을 설계하여 제공할 필요가 있다. 실행공동체 학습결과물의 출판, 교육자원화, 아이디어의 사업화 검토 등과 연계하여 평가와 보상제도를 설계하고, 조직 내 리더들이 실행공동체 활동을 조장하고 지원하는 활동에 나설 수 있도록 하는 등 보다 다양한 관점에서 전문적인 지원조직의 역할을 수행해야 한다.

Chapter 04

# 실행공동체 영향요인이 지식공유 및 학습전이에 미치는 영향

## 1. 연구설계

### (1) 연구모형 및 가설설계

본 연구의 목적은 L전자 사내 연구원들의 실행공동체 활동이 지식공유를 통해 학습근전이와 학습원전이에 긍정적인 영향을 미치는지를 검증하는 것이다. 선행연구를 기반으로 도출된 연구 가설을 기반으로 연구의 개념적 모형은 〈그림 5〉과 같이 구성되었다. 지식공유에 영향을 미치는 변수들은 다양하지만, 본 연구에서는 실행공동체에 참여하는 개인특성으로서의 참여동기, 실행공동체 내부의 상호작용, 실행공동체 활동에 대한 리더와 조직 지원, 실행공동체 활동에 영향을 미치는 개방적 환경에 초점을 두고 모형을 수립하였다.

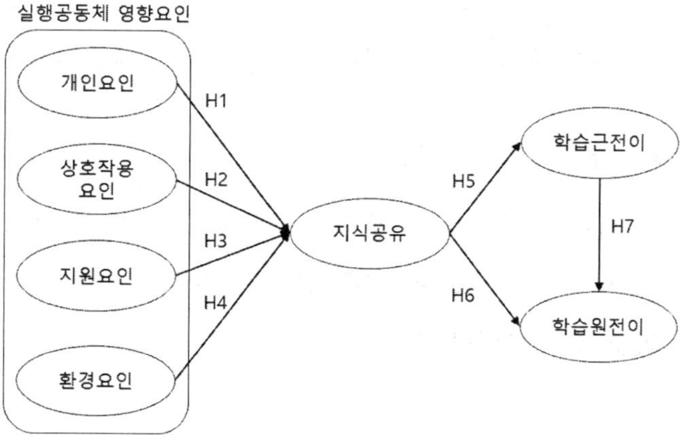


**|그림 5| 연구모형**

실행공동체와 지식공유에 대한 이론적 고찰을 통해 개인의 내재적 동기와 외재적 동기로 구성된 개인요인, 멤버간 신뢰와 친밀감의 상호작용요인, 리더와 조직의 지원요인, 개방적인 환경요인이 실행공동체의 지식공유에 긍정적인 영향을 미칠 것으로 판단하고 다음과 같이 가설을 설정하였다.

H1: 실행공동체 구성원의 개인 동기요인은 지식공유에 긍정적인 영향을 미친다.
H2: 실행공동체의 상호작용요인은 지식공유에 긍정적인 영향을 미친다.
H3: 실행공동체의 지원요인은 지식공유에 긍정적인 영향을 미친다.
H4: 조직의 개방적인 환경요인은 지식공유에 긍정적인 영향을 미친다.

실행공동체와 학습전이에 대한 이론적 논의를 바탕으로 실행공동체의 학습활동인 지식공유는 학습한 내용을 학습환경과 유사한 직무환경에서 활용하는 학습근전이와 학습한 내용을 원리에 입각하여 다양한 직무 상황에서 학습한 것을 변형시켜 활용하는 학습원전이에 긍정적인 영향을 미치며, 학습전이 시스템 모형에 따라 학습근전이는 학습원전이에 긍정적인 영향을 미칠 것으로 판단하고 다음과 같이 가설을 설정하였다.

H5: 실행공동체 내 지식공유는 학습근전이에 긍정적인 영향을 미친다.
H6: 실행공동체 내 지식공유는 학습원전이에 긍정적인 영향을 미친다.
H7: 학습근전이는 학습원전이에 긍정적인 영향을 미친다.
H8: 지식공유는 실행공동체 영향 요인과 학습근전이 사이에서 매개효과가 있다.
H9: 지식공유는 실행공동체 영향 요인과 학습원전이 사이에서 매개효과가 있다.

### (2) 측정항목 및 도구

설문조사에 활용된 각각의 측정문항들은 리커트 5점 척도(1=전혀 그렇지 않다 ~ 5=매우 그렇다)로 측정하였으며, 기존 선행 연구들을 기반으로 변수의 조작적 정의와 측정항목을 설계하였다〈표 19〉.

**표 19** 변수의 조작적 정의와 척도

| 연구변수 | | 변수의 조작적 정의 | 척도 항목수 | 관련문헌 |
|---|---|---|---|---|
| 실행 공동체 영향 요인 | 개인 요인 | 실행공동체에 참여하여 활동을 하고 있는 개인의 동기 | 6 | 이홍재 등(2013) |
| | 상호작용 요인 | 실행공동체 활동에 대한 멤버간 관계 강화 요인 | 6 | 고윤정 등(2014),<br>정의상(2005) |
| | 지원 요인 | 실행공동체 활동에 대한 리더와 조직의 지원 | 9 | 박문수 · 문형구(2004),<br>이홍재 등(2013),<br>정의상(2005) |
| | 환경 요인 | 습득한 지식과 스킬을 조직 내에 적용하는 것을 허용하는 정도 | 4 | Holton III, Bates, & Ruona(2000) |
| 지식공유 | | 지식을 공유, 습득, 활용하는 것 | 4 | 고윤정 외(2014) |
| 학습근전이 | | 학습을 통해 습득한 지식, 기술, 태도를 학습 상황과 유사한 업무 상황에서 적용하는 것 | 4 | 윤태인(2012),<br>이도형(1996) |
| 학습원전이 | | 학습을 통해 습득한 지식, 기술, 태도를 학습 상황과 다른 업무 상황에서 적용하는 것 | 3 | 금혜진, 정재삼(2007),<br>현영섭(2004) |

먼저 개인요인은 Lin(2007), 이홍재 등(2013)의 연구를 바탕으로 개인요인은 '실행공동체에 참여하여 활동을 하고 있는 개인의 동기'로 정의하였다. 이를 측정하기 위해 내재적동기와 외재적동기 2개의 하위 변수 항목으로 구분하였고, 선행연구에서 활용한 문항을 수정, 보완하여 "실행공동체 활동 참여를 좋아함", "전문가로 인정받기 위해 참여함" 등 총 6개 문항을 활용하였다.

실행공동체의 상호작용요인은 고윤정 등(2014), 오성호 · 김보영(2015), 정의상(2005)의 연구를 바탕으로 상호작용요인은 '실행공동체 활동에 대한 멤버간 관계 강화 요인'으로 정의하였다. 이를 측정하기 위해 신뢰와 친밀감 2개의 하위 변수 항목으로 구분하였고, 선행연구에서 활용한 문항을 수정, 보완하여 "멤버들이 제공하는 지식과 노하우를 신뢰함", "멤버들은 친숙한 관계를 유지함" 등 총 6개 문항을 활용하였다.

지원요인은 박문수 · 문형구(2004), 오성호 · 김보영(2015), 이홍재 등(2013), 정의상(2005)의 연구를 바탕으로 '실행공동체 활동에 대한 리더와 조직의 지원'으로 정의하였다. 이를 측정하기 위해 리더의 지원과 조직의 지원 2개의 하위변수 항목으로 구분하였고, 선행연구에서 활용한 문항을 수정, 보완하여 '직속상사는 적극적으로 관심을 보임', '전담부서가 체계적으로 운영됨' 등 총 9개 문항을 활용하였다. 마지막으로 환경요인은 Holton III et al.(2000)의 연구를 바탕으로 '습득한 지식과 스킬을 조직 내에 적용하는 것을 허용하는 정도'로 정의하였다. 이를 측정하기 위해 '새로운 방법의 시도를 좋아함' 등 총 3개 문항을 활용하였다(Holton III et al., 2000; 오성호 · 김보영, 2015).

지식공유는 Ipe(2003), Nonaka & Takeuchi(1995), 고윤정 등(2014)의 연구를 바탕으로 '지식을 공유, 습득, 활용하는 것'으로 정의하였다 이를 측정하기 위해 '나의 지식이나 노하우를 적극적으로 제공함' 등 4개의 문항을 활용하였다(고윤정 등, 2014; 오성호 · 김보영, 2015). 학습전이 관련 기존 연구들은 근전이(near transfer) 중심의 개념을 학습전이로 활용해 왔으므로(Baldwin & Ford, 1988; Ford & Weissbein, 2008), 일반적인 개념의 학습전이를 실행공동체의 학습근전이의 개념으로 활용하였다. 학습근전이는 Holton III & Baldwin(2003), 윤태인(2012), 현영섭(2004)의 연구를 바탕으로 '학습을 통해 습득한 지식, 기술, 태도를 학습 상황과 유사한 업무 상황에서 적용하는 것'으로 정의하였다. 이를 측정하기 위해 '배운 내용들을 실제 업무에 많이 사용함' 등 4개의 문항을 활용하였다(Rouiller & Goldstein, 1993; 윤태인, 2012; 이도형, 1996; 이동배, 2007). 이와 함께 학습원전이는 Holton III & Baldwin(2003), 금혜진 · 정재삼(2007), 현영섭(2004)의 연구를 바탕으로 '학습을 통해 습득한 지식, 기술, 태도를 학습 상황과 다른 업무 상황에서 적용하는 것'으로 정의하였다. 이를 측정하기 위해 선행연구에서 활용한 문항을 수정, 보완하여 '학습한 것을 적용할 때 기본적 원리를 자주 사용함' 등 3개 문항을 활용하였다(금혜진 · 정재삼, 2007; 현영섭, 2009).

### (3) 자료수집 및 자료분석

연구 목적에 맞춰 표본 수집은 L전자에서 실행공동체의 경험이 있는 연구개발 연구원들을 중 기초연구, 응용연구, 선행개발을 담당하는 선행연구개발 연구원들을 대상으로 수행하였다. 설문 수집은 사내 온라인 설문 시스템을 통해서 2주간 971부를 배포하였으며, 총 215부가 회수되었고, 모든 문항에 걸쳐 동일한 응답을 하여 분석에 사용하기 어렵다고 판단한 불성실한 응답이나 결측치가 있는 설문 9부를 제외한 206부를 이용하여 설문분석을 실시하였다.

자료의 인구사회학적 특성과 변수의 기술통계치, 정규성, 다중공선성 진단을 위해 SPSS 22.0을 활용하였으며, 회귀분석과 경로분석을 동시에 보면서 관계를 파악할 수 있는 구조방정식 모형은 AMOS 22.0을 활용하였다. 계수의 추정방법은 최대우도법(MLE: Maximum Likelihood Estimation)을 사용하였으며, 간접효과 분석은 한개 이상의 매개변인을 포함할 경우 개별 검증이 어려우므로 매개효과의 통계적 유의성 검증을 위해 Sobel test를 실시하였다.

표본의 특성은 〈표 20〉와 같다. 응답자의 88.8%는 남성이며, 20대가 8.3%, 30대가 65%, 40대가 24.8%, 50대가 1.9%로 30-40대를 중심으로 조사가 이루어졌다. 실행공동체 활동기간은 3개월 이내가 13.6%, 6개월 이내가 16%, 1년 이내가 33.5%, 2-3년이내가 31.1%, 4년 이상이 5.8%로 1-3년 사이 활동 대상자들이 집중되었으며, 참여주기의 경우 주1회 11.7%, 격주1회 23.8%, 월 1회 42.2%로, 분기1회 14.1%로 참여 주기가 월1회를 중심으로 이루어지는 조직을 대상으로 조사되었고, 선행단계의 연구개발 직군인 관계로 90.3%가 석사와 박사 학력을 가진 것으로 집계되었다.

**| 표 20 | 표본 특성**

| 구분 | | 빈도 | 백분율 |
|---|---|---|---|
| 성별 | 남자 | 183 | 88.8 |
| | 여자 | 23 | 11.2 |
| 연령대 | 20 - 29 | 17 | 8.3 |
| | 30 - 39 | 134 | 65 |
| | 40 - 49 | 51 | 24.8 |
| | 50 - | 4 | 1.9 |
| 활동기간 | 3개월 이내 | 28 | 13.6 |
| | 6개월 이내 | 33 | 16 |
| | 1년 이내 | 69 | 33.5 |
| | 2 - 3년 이내 | 64 | 31.1 |
| | 4년 이상s | 12 | 5.8 |
| 참여주기 | 주 1회 | 24 | 11.7 |
| | 격주 1회 | 49 | 23.8 |
| | 월 1회 | 87 | 42.2 |
| | 분기 1회 | 29 | 14.1 |
| | 반기 1회 이상 | 17 | 8.2 |
| 학력 | 학사 | 20 | 9.7 |
| | 석사 | 149 | 72.3 |
| | 박사 | 37 | 18 |
| **합계** | | **206** | **100.0** |

구조방정식 모형은 각 측정변수들이 정규분포가 되지 않을 경우 다변량 정규분포성의 가정을 충족시키지 못하게 되므로 정확한 통계적 검증을 수행할 수 없게 된다. 측정변수의 왜도 3미만이며, 첨도가 10미만일 때 구조방정식 모형은 모수치를 제대로 추정할 수 있다(Kline, 2015). 평균은 최소 3.678, 최고 4.231이며, 표준편차의 평균은 최소 0.748, 최고 1.007로 나타났고, 왜도는 절대값 1.352 미만, 첨도는 절대값 2.847 미만의 값으로 나타났으므로 다변량 정규분포의 기본 가정이 충족되었다고 할 수 있으며, 구조방정식으로 분석할 수 있다.

**┃표 21┃ 정규성 점검결과**

| 변수 | 평균 | 표준편차 | 왜도 | 첨도 |
|---|---|---|---|---|
| 개인요인 | 4.189 | 0.808 | −1.299 | 2.448 |
| 상호작용요인 | 4.231 | 0.796 | −1.352 | 2.73 |
| 지원요인 | 3.678 | 1.007 | −0.546 | 0.013 |
| 환경요인 | 3.96 | 0.823 | −0.663 | 0.494 |
| 지식공유 | 4.1 | 0.748 | −1.149 | 2.847 |
| 학습근전이 | 3.853 | 0.748 | −0.771 | 1.473 |
| 학습원전이 | 4.058 | 0.794 | −1.009 | 1.981 |

## 2. 실증분석

### (1) 측정모형 분석

측정모형의 분석을 위해 신뢰성과 타당성을 분석하였으며, 2단계 접근법에 따라 데이터를 분석하였다(Anderson & Gerbing, 1988). 복합신뢰도 (composite reliability) 지수를 활용하여 내적일관성 신뢰도 (internal consistency reliability)를 평가하였으며, 복합신뢰도는 0.7 이상의 값을 가져야 한다(Nunnally & Bernstein, 1994). 집중타당성(convergent validity)과 판별타당성(discriminant validity) 분석을 통해 타당성 평가를 실시하였다. 집중타당성은 표준 요인적재량이 0.7이상이어야 하며, 통계적으로 유의해야 하고, 복합신뢰도(Composite Reliability, CR)와 크론바흐 알파 값이 0.7보다 커야 하며, 평균추출분산(Average Variance Extract, AVE)은 0.5이상이어야 한다(Gefen, Straub, & Boudreau, 2000).

**▌표 22▐ 신뢰성 및 집중타당성 분석결과**

<table>
<tr><th>항목</th><th>표준<br>요인적재량</th><th>t-값</th><th>평균추출분산<br>(AVE)</th><th>복합신뢰도<br>(CR)</th><th>Cronbach's α</th></tr>
<tr><td>개인1</td><td>0.94</td><td>-</td><td rowspan="3">0.898</td><td rowspan="3">0.963</td><td rowspan="3">0.949</td></tr>
<tr><td>개인2</td><td>0.902</td><td>22.916</td></tr>
<tr><td>개인3</td><td>0.943</td><td>26.66</td></tr>
<tr><td>상호2</td><td>0.932</td><td>-</td><td rowspan="3">0.839</td><td rowspan="3">0.940</td><td rowspan="3">0.916</td></tr>
<tr><td>상호3</td><td>0.848</td><td>18.417</td></tr>
<tr><td>상호5</td><td>0.886</td><td>20.556</td></tr>
<tr><td>지원6</td><td>0.896</td><td>-</td><td rowspan="3">0.893</td><td rowspan="3">0.961</td><td rowspan="3">0.964</td></tr>
<tr><td>지원7</td><td>0.983</td><td>26.291</td></tr>
<tr><td>지원8</td><td>0.969</td><td>25.276</td></tr>
<tr><td>환경1</td><td>0.903</td><td>-</td><td rowspan="4">0.888</td><td rowspan="4">0.970</td><td rowspan="4">0.960</td></tr>
<tr><td>환경2</td><td>0.935</td><td>22.817</td></tr>
<tr><td>환경3</td><td>0.928</td><td>22.306</td></tr>
<tr><td>환경4</td><td>0.939</td><td>23.12</td></tr>
<tr><td>지식1</td><td>0.883</td><td>-</td><td rowspan="3">0.880</td><td rowspan="3">0.956</td><td rowspan="3">0.931</td></tr>
<tr><td>지식2</td><td>0.952</td><td>21.462</td></tr>
<tr><td>지식3</td><td>0.887</td><td>18.48</td></tr>
<tr><td>근전이1</td><td>0.88</td><td>-</td><td rowspan="3">0.828</td><td rowspan="3">0.935</td><td rowspan="3">0.906</td></tr>
<tr><td>근전이2</td><td>0.869</td><td>17.101</td></tr>
<tr><td>근전이4</td><td>0.87</td><td>17.149</td></tr>
<tr><td>원전이1</td><td>0.936</td><td>-</td><td rowspan="3">0.919</td><td rowspan="3">0.971</td><td rowspan="3">0.958</td></tr>
<tr><td>원전이2</td><td>0.946</td><td>26.798</td></tr>
<tr><td>원전이3</td><td>0.939</td><td>26.132</td></tr>
</table>

〈표 22〉에서 볼 수 있듯 표준화 경로계수가 모두 0.7보다 크고 유의(t-값 > 1.96)한 것으로 나타났으며, 복합신뢰도와 크론바흐 알파 값은 0.9보다 높았고, 각 구성에 대한 AVE값은 0.5보다 높았으므로 측정도구의 집중타당성은 확인되었다.

판별타당성 평가를 위해 각각의 구성개념에 대한 AVE의 제곱근 값이 다른 구성개념들의 상관관계계수 보다 큰 것으로 나타나면 판별타당성이 입증되는 것이다(Fornell & Larcker, 1981). 〈표 23〉는 각 구성개념에 대한 AVE의 제곱근 값이 해당변수와 다른 변수들의 상관관계 값 보다 크게 나타났으므로 측정도구의 판별타당성이 있음이 확인되었다.

그러나 개인요인과 상호작용의 상관계수가 0.85를 넘어서 다중공선성이 문제가 있을 수 있으므로 공차와 분산팽창계수(VIF)를 확인하였다. 공차의 허용값이 0.1미만이거나 분산팽창계수(VIF)가 10을 초과하면 다중공선성에 문제가 있다고 본다(배병렬, 2006). 〈표 24〉에 보여지듯이 공차는 0.247이상이며 분산팽창계수는 4.053이하인 것으로 나타났으므로 다중공선성에는 문제가 없는 것으로 판단한다.

**▌표 23▐ 상관관계표 및 판별타당성 분석결과**

| 변수 | 1 | 2 | 3 | 4 | 5 | 6 | 7 |
|---|---|---|---|---|---|---|---|
| 1.개인요인 | **0.898**<br>(0.948) | | | | | | |
| 2.상호작용요인 | 0.858 | **0.839**<br>(0.916) | | | | | |
| 3.지원요인 | 0.449 | 0.463 | **0.893**<br>(0.945) | | | | |
| 4.환경요인 | 0.743 | 0.786 | 0.588 | **0.888**<br>(0.943) | | | |
| 5.지식공유 | 0.829 | 0.791 | 0.463 | 0.664 | **0.880**<br>(0.938) | | |
| 6.학습근전이 | 0.771 | 0.813 | 0.615 | 0.824 | 0.723 | **0.828**<br>(0.910) | |
| 7.학습원전이 | 0.728 | 0.759 | 0.561 | 0.761 | 0.666 | 0.826 | **0.919**<br>(0.958) |

주) 대각선의 진한 값은 각 변수의 AVE 값이며, ( )는 AVE의 제곱근 값을 나타냄

**| 표 24 | 변인들간 다중공선성 진단결과**

| | 독립변수(학습원전이의 영향요인) | | | | | |
|---|---|---|---|---|---|---|
| | 개인요인 | 상호작용요인 | 지원요인 | 환경요인 | 지식공유 | 학습 근전이 |
| 공차 | 0.247 | 0.261 | 0.609 | 0.313 | 0.336 | 0.293 |
| VIF | 4.053 | 3.835 | 1.641 | 3.197 | 2.980 | 3.416 |

### (2) 구조모형 분석

가설검증에 앞서 구조모형의 적합도를 평가하였다(Gefen et al., 2000). 적합기준은 χ2 0.05이상, χ2/자유도 3이하, GFI는 0.9 이상, AFGI 0.9이상, RMR 0.05이하, NFI 0.9 이상, RMSEA 0.05 이하 우수, 0.1 이하 수용 가능, CFI 0.9이상, TLI 0.9이상이다. χ2은 수용수준에 미치지 못하지만, χ2/자유도는 1.924로 3.0 보다 낮게 나타났다. GFI와 AGFI는 0.9 보다 낮지만, GFI는 표본크기에 영향을 받고, 간명성을 고려하지 않으며, AGFI는 간명성은 고려하지만 표본 크기에 영향을 받는다는 문제점이 있다. 표본의 크기에 영향을 받지 않고 간명성을 고려하는 RMSEA는 0.067로 어느 정도 우수한 것으로 나타났고, 표본크기에 많은 영향을 받지 않으면서 모형의 설명력을 나타내는 CFI는 0.966, 설명력과 간명성을 함께 판단하는 TLI는 0.960로 나타났으므로 연구모형은 적합하다고 판단하였다.

가설검증을 실시한 결과 지식공유에 대한 영향력을 검증한 결과 개인요인($p<0.001$), 상호작용요인($p<0.01$), 지원요인($p<0.05$)은 지식공유에 영향을 미친다는 가설이 채택되었지만, 환경요인이 지식공유에 영향을 미친다는 가설은 기각되었다. 지식공유는 학습근전이($p<0.001$)와 학습원전이($p<0.05$)에 영향을 미치며, 학습근전이는 학습원전이($p<0.001$)에 영향을 미친다는 가설은 채택되었다.

환경요인이 지식공유에 영향을 미칠 것이라는 가설이 기각되었으므로 환경요인을 제거한 후 전체 모형을 수정하였으며, 최초모형과 수정모형이 위계적 모형을 이루고 있으므로 최초모형과 수정모형간 통계적 유의차를 확인하였다. 최초모형과 수정모형간 χ2의 차이가 자유도 70에서 130.239(386.727-256.488)로 90.531이상(유의수준 0.05, 자유도 70일 때 χ2값)이므로 통계적으로 유의차가 있는 것으로 나타났으므로 적합도 지수가 개선된 수정모형을 최종연구모형으로 선정하였다. 최초모형과 수정된 연구모형의 적합도 값을 추정한 결과는 〈표 25〉과 같다.

**▌표 25▐ 모형간 적합도 비교**

| 구분 | χ2(df) | df | RMR | GFI | AGFI | NFI | RMSEA | CFI | TLI |
|---|---|---|---|---|---|---|---|---|---|
| 최초모형 | 386.7 | 196 | 0.076 | 0.868 | 0.829 | 0.934 | 0.067 | 0.966 | 0.960 |
| 수정모형 | 256.5 | 126 | 0.070 | 0.887 | 0.847 | 0.944 | 0.071 | 0.970 | 0.964 |

수정모형으로 가설검증한 결과는 〈표 26〉과 같다. 개인요인은 표준화된 경로계수 0.540(p〈0.001)으로 지식공유에 가장 강한 영향력을 보여주었으며, 상호작용요인은 0.312(p〈0.001), 지원요인은 0.107(p〈0.05) 순으로 지식공유에 영향력을 미쳤다. 지식공유는 표준화된 경로계수 0.772(p〈0.001)로 학습근전이에 영향을 미쳤고, 0.185(p〈0.05)로 학습원전이에 영향을 미치는 것으로 나타났으며, 학습근전이는 0.684(p〈0.001)로 학습원전이에 유의한 결과를 보였다.

**▌표 26▐ 가설 검증 결과**

| 가설 | 외생변수 | 내생변수 | 회귀계수 | 표준화된 회귀계수 | P-값 | 채택 여부 | R2 |
|---|---|---|---|---|---|---|---|
| H1 | 개인요인 | 지식공유 | 0.479 | 0.540 | *** | 채택 | 0.771 |
| H2 | 상호작용요인 | 지식공유 | 0.284 | 0.312 | *** | 채택 | |
| H3 | 지원요인 | 지식공유 | 0.079 | 0.107 | 0.020* | 채택 | |
| H5 | 지식공유 | 학습 근전이 | 0.765 | 0.772 | *** | 채택 | 0.596 |
| H6 | 지식공유 | 학습 원전이 | 0.203 | 0.185 | 0.021* | 채택 | 0.698 |
| H7 | 학습 근전이 | 학습 원전이 | 0.758 | 0.684 | *** | 채택 | |

주) *: p 〈 0.05, ** : p 〈 0.01, ***: p 〈 0.001

연구개발 직군의 실행공동체 지식공유에 영향을 미치는 요인과 학습전이와의 구조적 관계를 검증하기 위해 실시한 구조모형의 분석결과는 〈그림 6〉와 같다.

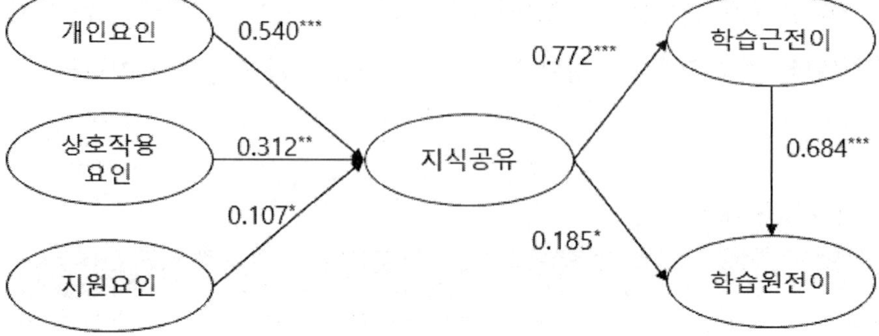


주) *: p 〈 0.05, ** : p 〈 0.01, ***: p 〈 0.001

**▌그림 6▐ 연구모형의 표준화된 경로계수**

매개효과의 통계적 유의성 검증을 위한 Sobel test를 실시한 결과 지식공유를 매개로 개인요인이 학습근전이에 미치는 간접효과의 통계량은 z=0.498(p〈0.01), 상호작용요인의 간접효과 통계량은 z=3.076(p〈0.01)로 도출되어 유의한 간접효과를 가지는 것으로 나타났다. 또한, 지식공유를 매개로 개인요인이 학습원전이에 미치는 간접효과의 통계량은 z=2.717(p〈0.01), 상호작용요인의 간접효과 통계량은 z=2.882(p〈0.01)로 도출되어 유의한 간접효과를 가지는 것으로 나타났다.

연구 모형의 직접효과, 간접효과 및 총효과는 〈표 27〉과 같으며, 결과적으로 실행공동체의 학습 활동인 지식공유는 학습근전이에 직접적인 영향을 미치며, 동시에 학습원전이에 직간접적인 영향을 미치는 것으로 나타났으므로 가설 8과 가설 9가 채택되었음을 확인할 수 있었다.

**▌표 27▌ 간접효과, 직접효과, 총 효과 분석 결과**

<table>
<tr><th>종속변수</th><th>설명변수</th><th>직접효과</th><th colspan="2">간접효과<br>(매개변수)</th><th>총 효과</th></tr>
<tr><td rowspan="3">지식공유</td><td>개인요인</td><td>0.540</td><td colspan="2">-</td><td>0.540</td></tr>
<tr><td>상호작용요인</td><td>0.312</td><td colspan="2">-</td><td>0.312</td></tr>
<tr><td>지원요인</td><td>0.107</td><td colspan="2">-</td><td>0.107</td></tr>
<tr><td rowspan="4">학습<br>근전이</td><td>지식공유</td><td>0.772</td><td colspan="2">-</td><td>0.772</td></tr>
<tr><td>개인요인</td><td>-</td><td colspan="2">0.417**(지식공유)</td><td>0.417</td></tr>
<tr><td>상호작용요인</td><td>-</td><td colspan="2">0.241**(지식공유)</td><td>0.241</td></tr>
<tr><td>지원요인</td><td>-</td><td colspan="2">0.083**(지식공유)</td><td>0.083</td></tr>
<tr><td rowspan="5">학습<br>원전이</td><td>학습근전이</td><td>0.684</td><td colspan="2">-</td><td>0.684</td></tr>
<tr><td>지식공유</td><td>0.185</td><td colspan="2">0.528(학습근전이)</td><td>0.713</td></tr>
<tr><td>개인요인</td><td>-</td><td>0.0999**<br>(지식공유)</td><td>0.2851<br>(학습근전이 & 지식공유)</td><td>0.385</td></tr>
<tr><td>상호작용요인</td><td>-</td><td>0.0577**<br>(지식공유)</td><td>0.1648<br>(학습근전이 & 지식공유)</td><td>0.222</td></tr>
<tr><td>지원요인</td><td>-</td><td>0.0198<br>(지식공유)</td><td>0.0565<br>(학습근전이 & 지식공유)</td><td>0.076</td></tr>
</table>

주) *: $p < 0.05$, ** : $p < 0.01$, ***: $p < 0.001$

### (3) 연구 결과 및 논의

이상의 분석결과를 토대로 연구개발 직군의 실행공동체에 대해 다음과 같은 논의가 가능하였다. 첫째, 실행공동체 지식공유에 유의미한 영향을 미치는 변수의 영향력은 개인의 동기를 나타내는 개인요인이 가장 크며, 멤버간 상호작용요인, 리더와 조직의 지원요인 순으로 나타났다. 이러한 결과는 전수환·김정수(2005)가 생산직군에 비해 연구개발직 그룹에서는 개인의 동기와 멤버간 호혜적 관계인 상호작용이 인지된 결과를 통해 지식공유에 영향을 미치는 반면 사회적요인과 지원요인은 영향을 미치지 않았다는 연구 결과와 유사한 결과를 보여준다.

결국 연구개발 직군의 실행공동체 지식공유에 대한 영향력은 집단 차원의 요인 보다는 개인 차원의 요인들이 더욱 중요하다는 사실을 확인할 수 있었다. 연구개발 직군은 자신의 전문역량 향상과 경력개발을 중요하게 생각하고, 자율성을 추구하며, 비일상적이고 도전적인 과업을 선호하고, 자신의 전문성이 조직에 영향을 미치며, 전문가 집단으로부터 인정받는 것을 중요시하는 특성을 가지므로 자기중심주의적 집단으로 볼 수 있다(Gratton, 1987; Miller, 1986; 송선일 · 이찬, 2013; 차종석 · 김영배, 1997). 이에 따라 연구개발 직군의 실행공동체 운영을 고민할 경우 집단주의적인 공동의 목표나 규범 보다는 독립적인 목표와 권리 중심의 개인 중심의 운영 전략을 우선적으로 고려할 수 있어야겠다. 전문역량 향상과 경력개발을 중요하게 생각하고, 자율성을 추구하며, 비일상적이고 도전적인 과업을 선호하는 전문가 집단의 특성을 고려한 실행공동체 지원 및 활성화 전략이 고려되어야 할 것이다(Gratton, 1987; Miller, 1986; 송선일 · 이찬, 2013; 차종석 · 김영배, 1997).

둘째, 실행공동체의 지식공유는 학습근전이에 직접적인 영향을 미치며, 동시에 학습원전이에 직간접적인 영향을 미치는 것으로 나타났다. 실행공동체에서 학습을 발생시키는 요소는 지식공유 자체이므로 학습전이와 밀접한 관련성이 있다. 지식공유와 학습근전이 간에는 0.723의 높은 상관관계가 나타났으며 경로계수는 0.772로 나타났고, 지식공유와 학습원전이 간에도 0.666의 높은 상관관계가 나타났으며, 경로계수는 0.185로 나타났다. 연구개발 직군의 실행공동체 지식공유는 학습근전이에 높은 상관과 경로계수를 보이고 있는 것은 기존의 학습전이와 관련된 연구들에서 아는 것과 적용하는 것의 차이 또는 측정 준거간의 차별 등으로 관계가 낮을 수 있다는 주장과 차이가 있는 결과라고 할 수 있다(권대봉, 2003; 현영섭, 2010).

이러한 결과는 석박사로 이루어진 연구개발 연구원들의 전문가적인 특성과 관련이 있을 가능성이 크다. 연구개발 인력은 석사와 박사 중심으로 구성되어, 개인 또는 소규모 프로젝트 단위로 연구 활동을 수행하는 업무 방식과 개인이 관심을 가지고 있는 주제에 자발적으로 몰입하여 학습하는 특징을 가지기 때문인 것으로 해석될 수 있다. 결국 연구원들은 본인이 관심 있는 주제의 연구에 대해서는 깊이 있게 몰입하고, 이를 실제 업무에 적용하려는 경향이 높은 것을 고려한다면, 연구개발 직군의 실행공동체에서의 지식공유가 업무 현장에서의 높은 학습전이를 발생시키는 이유가 될 수 있을 것이며, 이러한 특성을 활용하여 실행공동체의 학습전이 및 활용성을 높일 수 있는 실행공동체의 목표와 활동 방향을 설계할 수 있겠다.

Chapter 05

# 동기요인과 지원요인이 지식공유와 만족도 및 학습전이에 미치는 영향

## 1. 연구설계

### (1) 연구모형 및 가설설계

본 연구는 연구개발 직군의 실행공동체 활동에 있어서 개인동기 요인과 지원요인, 지식공유, 만족도 그리고 학습전이 간의 구조적 관계에 대한 연구모형과 가설을 설정하였다. 연구의 개념적 모형은 〈그림 7〉과 같다. 다양한 변수들이 지식공유와 만족도에 영향을 미치지만, 본 연구에서 외생변수는 개인 동기요인과 지원요인으로 구성하였다. 실행공동체에 참여하는 개인동기 요인은 내재적 동기와 외재적 동기, 지원 요인은 리더 지원과 조직 지원으로 구성하였으며, 내생변수는 지식공유와 만족도 그리고 종속변수인 학습전이로 구성하였다. 그리고 이론적 논의를 토대로 각 잠재변수들 간에는 인과적 영향관계를 설정하였는데, 개인동기 요인과 지원 요인은 지식공유와 만족도에 긍정적인 영향을 미칠 것이고, 지식공유는 만족도에 긍정적인 영향을 미칠 것이며, 지식공유와 만족도는 학습전이에 긍정적인 영향을 미칠 것으로 가정하였다.

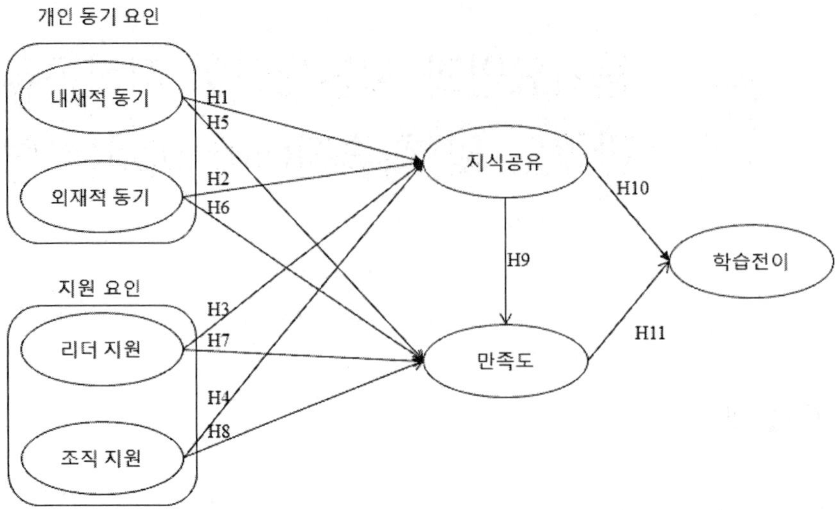


**▌그림 7▌ 연구모형**

실행공동체와 지식공유에 대한 이론적 고찰을 통해 개인의 동기요인인 내재적 동기와 외재적 동기 그리고 조직의 지원요인인 리더 지원과 조직 지원이 지식공유에 긍정적인 영향을 미칠 것으로 판단하였다. 그렇지만, 자기중심주의적 집단(Gratton, 1987)의 성향을 가지고 있는 석박사 중심으로 구성된 연구개발 직군은 전문성과 자율성에 대한 욕구가 크고, 물질적 보상 보다는 연구 주제 자체에 대한 흥미와 재미에 몰입하는 경향이 있으므로 지식공유에 대한 내재적 동기의 영향력은 높겠지만, 외재적 동기는 활동 자체의 흥미와 몰입도를 떨어뜨릴 수 있고, 조직의 지원이 실행공동체 활동의 자율성을 침해하는 것으로 인식하여 오히려 지식공유에 대한 영향력이 낮거나 부정적인 영향을 미칠 수 있으므로 이러한 영향요인들이 석박사 중심으로 구성된 연구개발 직군의 실행공동체에서는 어떻게 나타나는 지를 살펴보는 것은 흥미로운 연구가 될 수 있다.

본 연구에서는 이러한 이론적 논의를 바탕으로 다음의 가설을 도출하였다.

H1. 실행공동체에 대한 내재적 동기는 지식공유에 정(+)의 영향을 미칠 것이다.
H2. 실행공동체에 대한 외재적 동기는 지식공유에 정(+)의 영향을 미칠 것이다.
H3. 실행공동체에 대한 리더 지원은 지식공유에 정(+)의 영향을 미칠 것이다.

H4. 실행공동체에 대한 조직 지원은 지식공유에 정(+)의 영향을 미칠 것이다.

실행공동체와 만족도에 대한 이론적 고찰을 통해 개인의 동기요인이 만족도에 긍정적인 영향을 미치며, 리더와 조직의 지원이 실행공동체의 만족도에 영향을 미칠 것으로 판단하였다. 그렇지만, 석박사를 중심으로 구성된 연구개발 직군의 자기중심주의적 집단(Gratton, 1987) 성향을 고려할 때 외재적 요인과 조직의 지원이 실행공동체 활동에 대한 몰입도와 자율성을 침해하는 것으로 인식되어 오히려 만족도에 대한 영향력이 낮거나 부정적인 영향을 미칠 수 있으므로 이러한 영향요인들이 석박사 중심으로 구성된 연구개발 직군의 실행공동체에서는 어떻게 나타나는 지를 살펴보는 것은 흥미로운 연구가 될 수 있다.

본 연구에서는 이러한 이론적 논의를 바탕으로 다음의 가설을 도출하였다.

H5. 실행공동체에 대한 내재적 동기는 만족도에 정(+)의 영향을 미칠 것이다.
H6. 실행공동체에 대한 외재적 동기는 만족도에 정(+)의 영향을 미칠 것이다.
H7. 실행공동체에 대한 리더 지원은 만족도에 정(+)의 영향을 미칠 것이다.
H8. 실행공동체에 대한 조직 지원은 만족도에 정(+)의 영향을 미칠 것이다.

지식공유는 실행공동체의 활동의 중요 성과이며, 만족도는 실행공동체 활동성과의 기대치에 대한 참여자의 정서적 느낌이므로 지식공유가 활발히 이루어지게 되면 실행공동체 활동에 대한 기대가 충족되므로 만족도가 높아지므로 지식공유는 만족도에 긍정적인 영향을 미치게 된다(송윤희, 2011; 허명숙 · 천명중, 2007). 본 연구에서는 이러한 이론적 논의를 바탕으로 다음의 가설을 도출하였다.

H9. 실행공동체 활동 기반의 지식공유는 만족도에 정(+)의 영향을 미칠 것이다.

실행공동체와 학습전이에 대한 이론적 논의를 바탕으로 실행공동체의 학습활동인 지식공유는 학습한 내용을 직무환경에서 활용하는 학습전이를 발생시킨다고 판단하였다. 또한, 실행공동체에 참여하는 개인의 동기는 물론 리더와 조직의 지원은 실행공동체의 지식공유에 영향을 미치며, 이는 실행공동체의 만족도에 직간접적인 영향을 미치게 되므로 실행공동체 만족도가 높을수록 개인의 역량 향상과 직무 성과의 향상이 이루어지게 된다고 볼 수 있다. 본 연구에서는 이러한 이론적 논의를 바탕으로 다음의 가설을 도출하였다.

H10. 실행공동체 활동 기반의 지식공유는 학습전이에 정(+)의 영향을 미칠 것이다.
H11. 실행공동체 활동 기반의 만족도는 학습전이에 정(+)의 영향을 미칠 것이다.

### (2) 측정항목 및 도구

본 연구의 설문조사에서 활용된 측정문항들은 5점 리커트 척도(1=전혀 그렇지 않다, 5=매우 그렇다)로 측정하였으며, 기존 선행 연구들을 토대로 〈표 28〉과 같이 변수의 조작적 정의와 측정항목을 설계하였다.

개인 동기요인으로 내재적 동기(intrinsic motivation)와 외재적 동기(extrinsic motivation)를 독립변수로 사용하였다. Amabile et al.(1994)와 이홍재 외(2013)의 연구를 바탕으로 내재적 동기는 '실행공동체 활동의 참여 자체가 보상이 되는 동기'로 정의하였고, 외재적 동기는 '조직, 타인의 인정 등 외부의 보상이 실행공동체 활동의 동기'로 정의하였다. 이를 측정하기 위해 선행연구에서 이용한 문항을 수정하여 '실행공동체 참여를 좋아함', '실행공동체 참여를 통해 문제해결하는 것이 기분 좋음', '실행공동체 학습의 즐거움'으로 내재적 동기 3개 문항을 구성하였으며, '실행공동체 참여하는 것은 해당 분야의 전문가로 인정받기 위함', '실행공동체 참여하는 것은 조직으로부터 인정과 칭찬을 받기 위함', '실행공동체 참여하는 것은 동료들로부터 좋은 평가를 받기 위함'으로 외재적 동기 3개 문항을 구성하여 활용하였다. 지원요인으로 리더 지원과 조직 지원을 독립변수로 사용하였다. 류성렬 외(2009)와 이홍재 외(2013)의 연구를 바탕으로 리더 지원은 '실행공동체 활동에 대한 리더의 관심, 지원, 참여'로 정의하였으며, 리더 지원을 측정하기 위해 선행연구에서 이용한 문항을 수정하여 '직속상사는 실행공동체에 적극적으로 관심을 보임', '직속상사는 실행공동체 활동시간을 적극적으로 지원함', '직속상사는 실행공동체 활동참여를 적극적으로 지원함'

의 3개 문항을 활용하였다. Bock, Zmud, Kim and Lee(2005), 김인학 외(2010), 이홍재 외(2013)의 연구를 바탕으로 조직지원은 '실행공동체 활동 촉진에 필요한 조직 차원의 전문적인 지원 활동을 전개하는 것'으로 정의하였으며, 조직지원을 측정하기 위해 선행연구에서 이용한 문항을 수정하여 '우리 조직은 실행공동체를 지원하는 전담부서가 체계적으로 운영됨', '우리 조직은 실행공동체 활동에 대해 다양한 지원을 함', '우리 조직은 실행공동체 활동에 필요한 지원을 잘 하고 있음','우리 조직은 실행공동체에 대한 다양한 인정/보상 제도를 운영함'의 4개 문항을 활용하였다.

Ipe(2003), Nonaka and Takeuchi(1995), 고윤정・강주선・김종기・고일상(2014)의 연구를 바탕으로 지식공유는 '지식을 제공, 습득, 이용하려는 노력'으로 정의하였으며, 지식공유를 측정하기 위해 선행연구에서 이용한 문항을 수정하여 '나의 지식이나 노하우를 적극적으로 제공함', '필요한 지식과 노하우를 습득하기 위해 적극적으로 노력함', '동료가 제공하는 지식과 노하우를 적극적으로 이용하려고 노력함', '회원들이 제공하는 지식과 노하우를 비교하여 더 나은 지식과 노하우를 이용함'의 4개 문항을 활용하였다(고윤정 외, 2014). 윤태인(2012)과 이기환(2003)의 연구를 바탕으로 만족도는 '실행공동체의 참여자가 느끼는 정서적 느낌'으로 정의하였으며, 만족도를 측정하기 위해 선행연구에서 이용한 문항을 수정하여 '실행공동체 활동에 전반적으로 만족함', '활동 전 기대했던 바들이 충족되고 있음', '실행공동체 활동을 다른 사람에게 추천하고 싶음'의 3개 문항을 활용하였다. 윤태인(2012)과 이도형(1996)의 연구를 바탕으로 학습전이를 '학습 중 습득한 지식, 기술, 태도를 학습과 유사한 직무 상황에서 적용하는 것'으로 정의하였으며, 학습전이를 측정하기 위해 선행연구에서 이용한 문항을 수정하여 '실행공동체에서 배운 내용들을 실제 업무에 사용함', '실행공동체에서 배운 내용 덕분에 업무수행이 향상됨', '실행공동체에 참여한 후 상사나 동료로부터 업무수행이 향상되었다는 이야기를 들음', '실행공동체에서 배운 내용들을 실제 업무에 적용해 보려고 시도함'의 4개 문항을 활용하였다.

**| 표 28 | 변수의 조작적 정의와 척도**

| 연구변수 | | 변수의 조작적 정의 | 척도 항목수 | 관련문헌 |
|---|---|---|---|---|
| 개인 동기 요인 | 내재적 동기 | 실행공동체 활동의 참여 자체가 보상이 되는 동기 | 3 | Amabile et al.(1994)<br>이홍재 등(2013) |
| | 외재적 동기 | 조직, 타인의 인정 등 외부의 보상이 실행공동체 활동의 동기 | 3 | 류성렬 등(2009)<br>이홍재 등(2013) |
| 지원 요인 | 리더 지원 | 실행공동체 활동에 대한 리더의 관심, 지원, 참여 | 3 | Bock et al.(2005)<br>김인학 등(2010)<br>이홍재 등(2013) |
| | 조직 지원 | 실행공동체 활동 촉진에 필요한 조직 차원의 전문적인 지원 활동을 전개하는 것 | 4 | Holton III, Bates, & Ruona(2000) |
| 지식공유 | | 지식을 제공, 습득, 활용하려는 노력 | 4 | 고윤정 등(2014)<br>Ipe(2003)<br>Nonaka and Takeuchi(1995) |
| 만족도 | | 실행공동체의 참여자가 느끼는 정서적 느낌 | 3 | 윤태인(2012)<br>이기환(2003) |
| 학습전이 | | 학습 중 습득한 지식, 기술, 태도를 학습과 유사한 직무 상황에서 적용하는 것 | 4 | 윤태인(2012)<br>이도형(1996) |

## 2. 실증연구

### (1) 자료수집 및 표본특성

본 연구는 L전자에서 실행공동체 활동을 하고 있는 연구개발 연구원들을 대상으로 사내 온라인 설문시스템을 활용하여 1031부를 배포하였고, 총 275부가 회수되었으며, 이 중에서 설문응답 결과가 불성실하여 통계분석에 활용하기 어렵다고 판단한 설문 14개를 제외한 261개의 설문을 활용하여 통계분석을 실시하였다. 통계분석에 사용한 통계 프로그램은 SPSS 22.0과 AMOS 22.0이다.

표본 대상의 특징은 성별로는 남성(91.2%)이 여성보다 상대적으로 많았으며, 연령별로는 30대 67.8%, 40대 19.5%, 20대 11.1%, 50대 1.5% 순으로 30-40대 중심으로 조사가 이루어졌고, 학력별로는 석사 63.2%, 학사 22.6%, 박사 14.2% 순으로 나타났다. 참여기간별로는 6개월-1년 이내 44.4%, 2년-3년 이내 27.6%, 6개월 이내 12.6%, 3개월 이내 10.7%, 3년이상 4.6%로 나타나서 6개월-3년 이내 활동기간을 가진 대상자를 중심으로 자료수집이 이루어졌으며, 참여주기별로는 월1회 40.6%, 격주1회 32.6%, 분기1회 11.1%, 주1회 9.2%, 반기 1회 6.5%로 분포하는 것으로 나타나서 격주-월1회 활동하는 대상자가 전체의 73.2%를 차지하였다.

구조방정식 모형을 통계적으로 검증하기 위해서는 각 측정변수들이 정규분포를 이루어야 하며, 다변량 정규분포성의 가정을 충족시켜야 한다(Kline, 2015). 왜도 3미만, 첨도 10미만일 때 측정변수들은 정규분포를 이루며 다변량 정규 구조방정식 모형은 모수치를 추정할 수 있다. 〈표 29〉에서 측정변수들의 평균은 2.860~4.070이고, 표준편차는 0.738~1.237로 나타났으며, 왜도는 절대값 1.257 미만, 첨도는 절대값 1.783 미만의 값이므로 다변량 정규분포의 기본 가정은 충족되었다고 볼 수 있으므로 구조방정식으로 분석할 수 있다.

**표 29 정규성 점검결과**

| 변수 | 평균 | 표준편차 | 왜도 | 첨도 |
|---|---|---|---|---|
| 내재적 동기 | 3.983 | 0.926 | −1.046 | 0.774 |
| 외재적 동기 | 2.860 | 1.237 | 0.194 | −0.996 |
| 리더 지원 | 3.959 | 0.887 | −1.033 | 1.202 |
| 조직 지원 | 3.358 | 1.129 | −0.225 | −0.773 |
| 지식공유 | 4.070 | 0.760 | −1.020 | 1.783 |
| 만족도 | 4.062 | 0.979 | −1.257 | 1.014 |
| 학습전이 | 3.861 | 0.738 | −0.734 | 0.996 |

### (2) 동일방법편의

본 연구는 한 사람에게서 독립변수와 종속변수를 모두 측정한 자기보고식 설문응답을 실시하였으므로 동일방법편의가 발생할 수 있다. 동일방법편의를 확인하기 위해 Harman's single factor test(Podsakoff, MacKenzie, Lee, & Podsakoff, 2003)을 실시한 결과 회전하지 않은 제1요인이 설명하는 총분산의 비중이 51.2%를 차지하는 것으로 나타났으므로 동일방법편의가 발생했다. 동일방법편의를 제한하기 위한 Podsakoff, MacKenzie, Lee, and Podsakoff(2003)의 가이드에 따르면 독립변수와 종속변수가 별개로 측정되지 않았고, 각기 다른 맥락에서 측정될 수 없었으며, 편의의 원천이 확인되지 않았다면 CMF(Common Method Factor)를 활용하여 통계적으로 편의를 통제하는 방법을 제시하고 있다. CMF를 활용하여 동일방법편의가 있는 지를 확인하기 위해 원모형의 표준요인적재량과 CMF를 활용한 표준 요인적재량의 차이를 확인한 결과 IM3가 0.3 이상인 것으로 나타났으므로 CMF에 의해 통계적으로 통제하였다. 두 모형 간 χ2의 차이가 자유도 21에서 174.159(450.025−275.866)로 32.67(유의수준 0.05, 자유도 21일 때 χ2값) 보다 크므로 통계적으로 유의하며, 모형적합도가 개선된 것으로 나타났으므로 CMF에 의해 통계적으로 편의를 통제한 모형을 활용하여 분석을 진행하였다. 모형적합도 비교는 〈표 30〉에 나타내었고, 원모형과 CMF모형간 표준 요인적재량 비교는 〈표 31〉에 나타내었다.

**▮표 30▮ 원모형과 CMF(Common Method Factor) 모형간 적합도 비교**

| 구분 | χ2(df) | df | RMR | GFI | AGFI | NFI | RMSEA | CFI | TLI |
|---|---|---|---|---|---|---|---|---|---|
| 원 모형 | 450.0 | 168 | 0.076 | 0.858 | 0.804 | 0.931 | 0.080 | 0.955 | 0.944 |
| CMF 모형 | 275.9 | 147 | 0.023 | 0.908 | 0.856 | 0.958 | 0.058 | 0.980 | 0.971 |

**| 표 31 | 원모형과 CMF모형간 표준요인 적재량 비교**

| 변수 | 측정문항 | 표준요인 적재량 | |
|---|---|---|---|
| | | 원모형 | CMF모형 |
| 내재적 동기 | 내재1 | 0.941 | 0.786 |
| | 내재2 | 0.938 | 0.805 |
| | 내재3 | 0.875 | 0.573 |

## (3) 측정모형 분석

구조방정식 모형 분석에서 통상 활용하는 2단계 접근법을 적용하였다(Anderson & Gerbing, 1988). 내적 신뢰도(internal consistency reliability)는 복합신뢰도(composite reliability) 지수로 평가하였으며, 복합신뢰도가 0.7 이상의 값을 가지면 내적 신뢰도를 확보했다고 판단할 수 있다(Nunnally & Bernstein, 1994). 집중타당성(convergent validity)은 요인 적재량, 크론바흐 알파 값, 복합신뢰도 지수로 평가하였으며, 요인적재량이 0.7이상이고, 통계적으로 유의하며, 크론바흐 알파 값과 복합신뢰도(Composite Reliability, CR)가 0.7보다 크고, 평균추출분산(Average Variance Extract)이 0.5이상이면 측정모형은 집중타당성을 확보했다고 판단할 수 있다(Gefen, Straub, & Boudreau, 2000).

**| 표 32 | 신뢰성 및 집중타당성 분석결과**

| 항목 | 표준 요인적재량 | t-값 | 평균추출분산 (AVE) | 복합신뢰도 (CR) | Cronbach's α |
|---|---|---|---|---|---|
| 내재1 | 0.756 | - | 0.927 | 0.812 | 0.939 |
| 내재2 | 0.805 | 22.526 | | | |
| 내재3 | 0.573 | 14.051 | | | |
| 외재1 | 0.574 | - | 0.893 | 0.743 | 0.916 |
| 외재2 | 0.855 | 12.754 | | | |
| 외재3 | 0.960 | 11.020 | | | |

| 항목 | 표준 요인적재량 | t-값 | 평균추출분산 (AVE) | 복합신뢰도 (CR) | Cronbach's α |
|---|---|---|---|---|---|
| 리더1 | 0.875 | - | 0.938 | 0.834 | 0.929 |
| 리더2 | 0.932 | 23.596 | | | |
| 리더3 | 0.898 | 22.888 | | | |
| 조직1 | 0.759 | - | 0.939 | 0.837 | 0.970 |
| 조직2 | 0.740 | 23.596 | | | |
| 조직3 | 0.737 | 22.888 | | | |
| 지식1 | 0.813 | - | 0.934 | 0.825 | 0.914 |
| 지식2 | 0.850 | 18.346 | | | |
| 지식3 | 0.806 | 17.164 | | | |
| 만족1 | 0.803 | - | 0.938 | 0.835 | 0.948 |
| 만족2 | 0.859 | 22.505 | | | |
| 만족3 | 0.839 | 22.825 | | | |
| 학습1 | 0.843 | - | 0.924 | 0.803 | 0.889 |
| 학습2 | 0.777 | 16.627 | | | |
| 학습4 | 0.855 | 17.022 | | | |

측정모형의 신뢰도와 집중타당도 평가 결과는 〈표 32〉를 통해 제시하였다. 복합신뢰도는 0.893~0.939로 나타났으므로 내적 신뢰도를 확보했다. 요인적재량은 0.573~0.960으로 나타났고, 통계적으로 유의하지만, IM3와 EM1은 요인적재량이 0.573, 0.574로 0.7에 미치지 못한다. 요인적재량은 0.7 이상이면 가장 좋고, 0.4 이하이면 제거한 후 분석을 해야 한다. 낮은 요인적재량의 측정변수를 분석에 포함시킬 때에는 이들이 모형에 대한 설명력이 매우 적을 수 있으므로 연구결과를 해석할 때 유의해야 한다(Hulland, 1999). 복합신뢰도와 크론바흐 알파 값이 모두 0.7보다 크고, 평균추출분산이 0.743~0.837로 나타났으므로 측정도구의 집중타당성은 확보되었다.

판별타당성을 확보하기 위해서는 각각의 변수들간 측정치에 뚜렷한 차이가 나야 하며, 판별타당성을 판단하는 가장 중요한 기준은 AVE 값이다. 각각의 잠재변수 간에 구한 AVE의 제곱근 값이 각 잠재변수의 상관계수 보다 큰 것으로 나타나면 각각의 잠재변수 간에는 판별타당도가 확보되었다고 할 수 있다. (Fornell & Larcker, 1981). 각 잠재변수간의 AVE 값과 상관계수를 〈표 33〉에 제시하였다. 각 잠재변수의 AVE 제곱근의 값이 해당변수와 다른 변수들의 상관계수 값 보다 큰 것으로 나타났으므로 측정도구는 판별타당성을 확보했다고 할 수 있다.

**표 33 상관관계표 및 판별타당성 분석결과**

| 변수 | AVE | 1 | 2 | 3 | 4 | 5 | 6 | 7 |
|---|---|---|---|---|---|---|---|---|
| 1. 내재적 동기 | 0.812 | **0.901** | | | | | | |
| 2. 외재적 동기 | 0.743 | 0.393 | **0.862** | | | | | |
| 3. 리더 지원 | 0.834 | 0.354 | 0.161 | **0.913** | | | | |
| 4. 조직 지원 | 0.837 | 0.340 | 0.444 | 0.536 | **0.915** | | | |
| 5. 지식공유 | 0.825 | 0.814 | 0.304 | 0.537 | 0.281 | **0.908** | | |
| 6. 만족도 | 0.835 | 0.835 | 0.288 | 0.488 | 0.359 | 0.802 | **0.914** | |
| 7. 학습전이 | 0.803 | 0.756 | 0.304 | 0.611 | 0.432 | 0.768 | 0.843 | **0.896** |

주) 대각선의 진한 값은 각 변수의 AVE 값임.

내재적동기와 만족도의 상관계수가 0.835이고, 만족도와 학습전이의 상관계수가 0.843이므로 다중공선성의 문제가 있을 수 있기 때문에 공차와 분산팽창요인(VIF)를 확인하였다. 공차의 허용값이 0.1 미만 또는 분산팽창계수(VIF)가 10을 초과하게 되면 다중공선성에 문제가 있다(배병렬, 2006). 〈표 34〉에서 공차는 0.134이상이며, 분산팽창계수는 7.490이하이므로 다중공선성에 문제가 없는 것으로 판단한다.

**| 표 34 | 변인들간 다중공선성 진단결과**

| | 독립변수(학습전이의 영향요인) | | | | | |
|---|---|---|---|---|---|---|
| | 내재적 동기 | 외재적 동기 | 리더 지원 | 조직 지원 | 지식공유 | 학습전이 |
| 공차 | 0.134 | 0.624 | 0.360 | 0.480 | 0.154 | 0.194 |
| VIF | 7.490 | 1.601 | 2.781 | 2.083 | 6.505 | 5.162 |

### (4) 구조모형 분석

가설검증을 실시하기 전에 구조모형의 적합성을 평가하였다(Gefen, Straub, & Boudreau, 2000). $\chi2$(p)는 302.215(0.000)으로 수용 수준에 미치지 못하지만 적합도를 나타나는 다른 지표들을 함께 살펴보았다. $\chi2$ 대 자유도 비율은 2.001으로 3.0 보다 낮게 나타났으며, GFI는 0.898, AGFI는 0.844로 어느 정도 우수한 것으로 나타났다. GFI는 표본의 크기에 영향을 받지만, 간명성을 고려하지 않고, AGFI는 간명성은 고려하지만 표본의 크기에 영향을 받는다. 표본의 크기에 영향을 받지 않으면서 간명성을 고려하는 RMSEA는 0.062로 어느 정도 우수한 것으로 나타났으며, 표본의 크기에 큰 영향을 받지 않고 모형의 설명력을 나타내는 CFI는 0.976, 설명력과 간명성을 함께 판단할 수 있는 TLI는 0.967이므로 연구모형은 비교적 적합하다고 판단하였다.

가설검증 결과 내재적 동기($p<0.001$), 외재적 동기($p<0.05$), 리더 지원($p<0.001$)은 지식공유에 유의미한 영향을 미친다는 가설이 채택되었지만, 조직지원이 지식공유에 영향을 미친다는 가설은 기각되었다. 내재적 동기($p<0.001$), 리더 지원($p<0.01$)로 만족도에 영향을 미친다는 가설이 채택되었지만, 외재적동기와 조직지원은 만족도에 영향을 미친다는 가설은 기각되었다. 학습전이에 대한 영향력을 검증한 결과 지식공유($p<0.001$)와 만족도($p<0.001$)는 학습전이에 유의미한 영향을 미친다는 가설이 채택되었다.

조직지원이 지식공유에 영향을 미칠 것이라는 가설과 외재적동기와 조직지원이 만족도에 영향을 미칠 것이라는 가설이 기각되었으므로 경로를 제거한 후 전체 모형을 수정하였다. 원모형과 수정모형은 위계적 모형을 이루고 있으므로 두 모형 간 통계적 유의차를 확인하였다. 두 모형 간 χ2의 차이가 자유도 45에서 48.172(302.215−254.043)로 61.632(유의수준 0.05, 자유도 45일 때 χ2값) 보다 작으므로 통계적으로 유의하지 않은 것으로 나타났으며, 적합도 지표 간 크게 차이를 나타내지 않았다. 원모형과 수정모형의 적합도를 추정한 결과는 〈표 35〉과 같다.

**▌표 35▐ 원모형과 수정모형간 적합도 비교**

| 구분 | χ2(df) | df | RMR | GFI | AGFI | NFI | RMSEA | CFI | TLI |
|---|---|---|---|---|---|---|---|---|---|
| 원 모형 | 302.2 | 151 | 0.032 | 0.898 | 0.844 | 0.954 | 0.062 | 0.976 | 0.967 |
| 수정모형 | 254.0 | 106 | 0.033 | 0.902 | 0.841 | 0.951 | 0.073 | 0.971 | 0.957 |

가설 검증한 결과는 〈표 36〉과 같다. 지식공유에 대한 영향력은 내재적동기의 표준화 경로계수가 0.770(p〈0.001)로 가장 크게 나타났으며, 리더 지원은 0.360(p〈0.001)으로 나타났고, 외재적 동기(p〈0.05)는 부적 영향을 미치는 것으로 나타났다. 만족도에 대한 영향력은 내재적동기의 표준화 경로계수가 0.588(p〈0.001), 리더 지원 0.167(p〈0.05) 순으로 나타났다. 지식공유는 만족도에 표준화 경로계수 0.228(p〈0.05), 학습전이에 0.270(p〈0.001)의 영향을 미치며, 만족도는 0.637(p〈0.001)로 학습전이에 유의한 결과를 보였다.

**▌표 36▐ 가설 검증 결과**

| 가설 | 외생 변수 | 내생 변수 | 경로 계수 | 표준화 경로계수 | P-value | 채택 여부 | R2 |
|---|---|---|---|---|---|---|---|
| H1 | 내재적 동기 | 지식공유 | 0.643 | 0.770 | *** | 채택 | 0.771 |
| H2 | 외재적 동기 | 지식공유 | −0.09 | −0.115 | 0.023* | 채택 | |
| H3 | 리더지원 | 지식공유 | 0.272 | 0.360 | *** | 채택 | |
| H4 | 조직지원 | 지식공유 | −0.091 | −0.125 | 0.056 | 기각 | |

| 가설 | 외생 변수 | 내생 변수 | 경로 계수 | 표준화 경로계수 | P-value | 채택 여부 | R2 |
|---|---|---|---|---|---|---|---|
| H5 | 내재적 동기 | 만족도 | 0.58 | 0.588 | *** | 채택 | 0.763 |
| H6 | 외재적 동기 | 만족도 | -0.016 | -0.017 | 0.715 | 기각 | |
| H7 | 리더지원 | 만족도 | 0.149 | 0.167 | 0.011* | 채택 | |
| H8 | 조직지원 | 만족도 | 0.013 | 0.015 | 0.804 | 기각 | |
| H9 | 지식공유 | 만족도 | 0.270 | 0.228 | 0.020* | 채택 | |
| H10 | 지식공유 | 학습전이 | 0.277 | 0.270 | *** | 채택 | 0.754 |
| H11 | 만족도 | 학습전이 | 0.553 | 0.637 | *** | 채택 | |

*: p 〈 0.05, ** : p 〈 0.01, ***: p 〈 0.001

연구개발 직군의 실행공동체 지식공유와 만족도에 영향을 미치는 요인과 학습전이와의 구조적 관계를 검증하기 위해 실시한 구조모형의 분석결과는 〈그림 8〉와 같다.

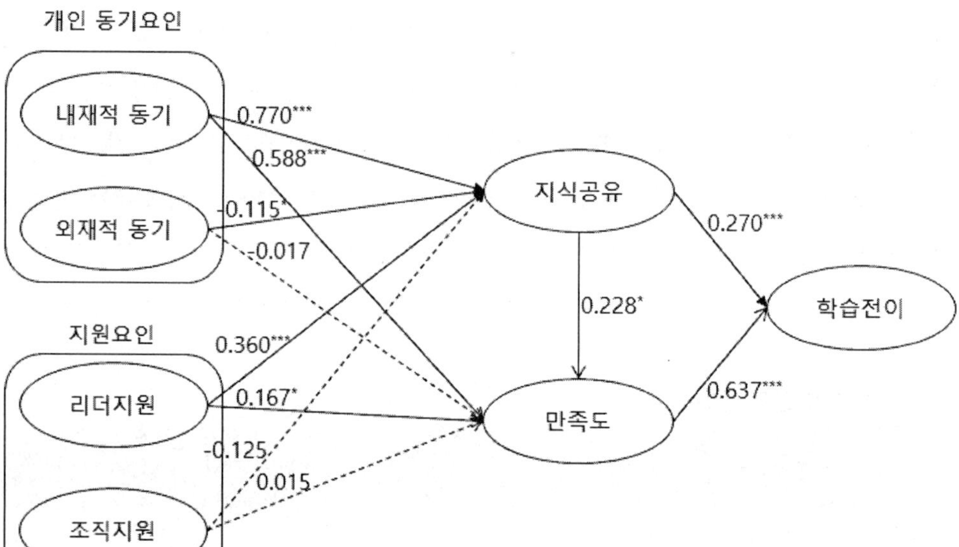


주. *: p < 0.05, ** : p < 0.01, ***: p < 0.001

**▎그림 8▎ 연구모형의 표준화된 경로계수**

간접효과 분석은 한개 이상의 매개변인을 포함할 경우 개별 검증이 어려우므로 매개효과의 통계적 유의성 검증을 위해 소벨테스트(Sobel test)를 실시하였다. 지식공유를 매개로 만족도에 미치는 내재적동기의 간접효과 통계량은 $z=9.362$($p<0.001$), 리더 지원의 간접효과 통계량은 $z=3.175$($p<0.01$)로 도출되어 간접효과는 유의한 것으로 나타났다. 또한, 지식공유를 매개로 학습전이에 미치는 내재적 동기의 간접효과 통계량은 $z=7.237$($p<0.001$), 리더 지원의 간접효과 통계량은 $z=5.492$($p<0.001$)로 도출되어 간접효과는 유의한 것으로 나타났으며, 만족도를 매개로 학습전이에 미치는 내재적동기의 간접효과 통계량은 $z=3.884$($p<0.001$), 리더 지원의 간접효과 통계량은 $z=4.409$($p<0.001$)로 도출되어 간접효과는 유의한 것으로 나타났다.

연구 모형의 직접효과, 간접효과와 총효과는 〈표 37〉과 같다. 실행공동체의 학습 활동인 지식공유는 만족도에 직접적인 영향을 미치며, 동시에 학습전이에 직간접적인 영향을 미치는 것으로 나타났고, 만족도는 학습전이에 직간접적인 영향을 미치는 것으로 나타났다.

**표 37 간접효과, 직접효과, 총 효과 분석 결과**

| 종속 변수 | 설명 변수 | 직접 효과 | 간접효과 (매개변수) | 총 효과 |
|---|---|---|---|---|
| 지식공유 | 내재적동기 | 0.770 | - | 0.770 |
| | 외재적동기 | -0.115 | - | -0.115 |
| | 리더지원 | 0.360 | | 0.360 |
| | 조직지원 | -0.125 | - | -0.125 |
| 만족도 | 지식공유 | 0.228 | - | 0.228 |
| | 내재적동기 | 0.588 | 0.176***(지식공유) | 0.763 |
| | 외재적동기 | -0.017 | -0.026(지식공유) | -0.044 |
| | 리더지원 | 0.167 | 0.082**(지식공유) | 0.250 |
| | 조직지원 | 0.015 | -0.028(지식공유) | -0.013 |

| 종속변수 | 설명변수 | 직접효과 | 간접효과 (매개변수) | | | 총 효과 |
|---|---|---|---|---|---|---|
| 학습전이 | 만족도 | 0.637 | - | | | 0.637 |
| | 지식공유 | 0.270 | 0.145*(만족도) | | | 0.415 |
| | 내재적동기 | - | 0.208***<br>(지식공유) | 0.375***<br>(만족도) | 0.111<br>(지식공유 & 만족도) | 0.694 |
| | 외재적동기 | - | -0.031<br>(지식공유) | -0.011<br>(만족도) | -0.017<br>(지식공유 & 만족도) | -0.059 |
| | 리더지원 | - | 0.097***<br>(지식공유) | 0.106***<br>(만족도) | 0.053<br>(지식공유 & 만족도) | 0.259 |
| | 조직지원 | - | -0.034<br>(지식공유) | 0.010<br>(만족도) | -0.018<br>(지식공유 & 만족도) | -0.042 |

주) *: $p < 0.05$, ** : $p < 0.01$, ***: $p < 0.001$

### (5) 연구 결과 및 논의

본 연구에서는 연구개발 직군 실행공동체 참여자들의 동기요인, 지원요인, 지식공유, 만족도, 학습전이와의 관계를 살펴보았으며 연구결과를 중심으로 다음의 시사점을 제시할 수 있다.

첫째, 집단을 특정하지 않은 실행공동체 영향요인에 대한 연구 결과와 유사하게 석박사를 중심으로 구성된 연구개발 직군의 실행공동체에 있어 내재적 동기와 리더의 지원이 긍정적인 영향을 미치는 요인으로 나타났지만, 내재적 동기의 영향력이 크고, 외재적 동기는 부정적인 영향을 미치거나 영향력이 없으며, 조직의 지원은 영향이 없는 것으로 나타났다. 이러한 결과는 전문가 집단인 연구개발 직군의 특성에 기인한 것으로 설명될 수 있는데, 이홍재 외(2013)의 공무원대상 실행공동체 연구에서 내재적 동기와 외재적 동기는 실행공동체 활동 참여에 긍정적인 영향을 미친다고 보고하고 있으며, 김인학 외(2010)는 대졸과 고졸의 학력이 87.4%인 포스코의 실행공동체 대상 연구에서 내재적 동기인 즐거움과 외재적 동기인 업무유용성에 대한 인지는 지식공유에 긍정적인 영향을 미치는 것으로 보고하고 있어 일반적인 집단에서는 내재적 동기, 외재적 동기는 실행공동체에 긍정적인 영향을 미치고 있음을 알 수 있다.

한편, 본 연구에서는 내재적 동기는 0.887의 높은 경로계수를 보이고 있고 외재적 동기는 −0.113의 경로계수를 나타내고 있는데, 이는 Ryan and Deci(2000)가 연구개발 직군과 같이 높은 수준의 학습과 창조성을 발휘해야 하는 조직에서는 내재적 동기가 중요하며, 내재적 동기와 외재적 동기는 동시에 높게 나타날 수 없다고 설명한 맥락과 일치한다. 또한, 본 연구에서 설문 응답자의 77.4%가 대학원 이상의 학력을 가진 연구개발 직군의 연구원으로써 연구개발 직군은 자기중심 주의적 집단의 특성을 보여주는데, 이는 자신의 전문성의 개발과 경력개발을 중요하게 생각하고, 자율성과 비일상적이고 도전적인 과업을 선호하며, 전문성이 조직에 영향을 미치고, 전문가 집단으로 인정받는 것을 중요시 여기는 조직적 특성을 가지고 있으므로 조직중심적인 성향을 가지는 집단과는 외재적 동기의 영향력이 다르게 나타날 수 있다(Miller, 1986; Gratton, 1987; 차종석 · 김영배, 1997; 송선일 · 이찬, 2013). 연구개발 직군의 전문가적인 특성으로 인해 본 연구결과에서는 외재적 동기가 실행공동체의 지식공유에 부정적인 영향을 미치고, 만족도에는 영향이 없는 것으로 나타난 것으로 판단된다.

본 연구에서는 조직의 지원이 지식공유와 만족도에 영향을 미치지 않는 것으로 나타났다. 이는 전수환 · 김정수(2005)이 S전자의 실행공동체에 참여하고 있는 PRO회원들을 생산직과 연구개발직으로 나누어 수행한 지식공유 연구에서 조직의 지원과 같은 촉진요인이 생산직 그룹에서는 긍정적인 영향을 미치지만, 연구개발직 그룹에서는 지식공유에 유의미한 영향을 미치지 않는다는 연구결과와 맥을 같이 하고 있다. 이러한 결과 역시 전문가 집단의 특성을 반영한 것을 의미한다. 이러한 특성으로 인해 연구개발 직군은 스스로 하고 있는 일에 대한 의미를 부여하고 몰입하고 자신의 성취를 위해 지식을 공유하기 때문에 내재적 동기와 리더의 지원은 긍정적으로 작용하지만, 외재적 동기와 조직의 관심과 지원이 높아지면 자율성의 훼손을 가져올 수 있으므로 오히려 지식공유를 저하하게 되며 결과적으로 만족도의 하락으로 이어진다고 볼 수 있다.

본 연구를 통해서 연구개발 직군의 실행공동체를 운영하고 활성화시키려고 할 때 내재적 동기와 리더의 지원이 중요하지만, 외재적 동기는 오히려 부정적인 영향을 미칠 수 있다는 것이 확인되었다. 결국 외재적 동기를 강화하기 위한 평가, 보상 등 제도적 장치 보다 개인의 권리와 개인의 목표 중심 그리고 자율성과 전문성을 발휘시킬 수 있는 운영 전략을 우선적으로 고려해야 한다는 것을 확인할 수 있었다.

둘째, 연구개발 직군의 실행공동체 활동에 있어 지식공유와 만족도는 학습전이에 긍정적인 영향을 미치며, 지식공유는 만족도에 직접적인 영향을 미치고, 동시에 학습전이에 직간접적인 영향을 미치는 것으로 나타났다. 실행공동체에서 학습을 발생시키는 요소는 지식공유이며, 개인이 실행공동체의 참여할 때 가지는 기대 역시 지식공유와 밀접한 관련성이 있다. 실행공동체 내에서 지식공유가 활발히 이루어질 때 실행공동체에 대한 만족도가 증가함을 확인할 수 있는데, 이러한 결과는 지식공유가 만족도에 긍정적인 영향을 미친다는 기존 연구결과와도 맥을 같이 한다(허명숙 · 천명중, 2007). 지식공유는 개인이 소유하고 있는 지식을 집단수준으로 이동하게 하며 지식공유의 과정에서 혼자 학습할 때 보다 자신의 경험과 노하우를 보완하게 되고, 전문성을 개발할 수 있는 다양한 정보와 지식을 확보할 수 있게 됨에 따라 실행공동체의 만족도를 높이게 된다고 볼 수 있다.

지식공유가 학습전이에 미치는 총효과는 0.404이고, 만족도가 학습전이에 미치는 총효과는 0.627이며, 내재적 동기와 리더 지원은 지식공유와 만족도를 매개로 학습전이에 영향을 미치는 것으로 나타났다. 개인의 내재적동기가 강하고 리더의 지원이 적극적으로 이루어지면 실행공동체 지식공유를 높이며, 이는 만족도의 증가로 이어지게 된다. 그러나 윤현진 · 윤관식 · 이병철(2012)의 과학기술인력을 대상으로 실시한 재교육프로그램에서는 학습이 만족도 보다 학습전이에 더 많은 영향을 미치는 것으로 보고하고 있지만, 무형식 학습인 실행공동체에서는 지식공유 보다 만족도가 학습전이에 더 크게 영향을 미치는 것으로 나타난 것은 실행공동체 활동에 있어서 지식공유 외의 학습전이에 미치는 다른 요인들이 있을 수 있다는 것을 의미한다. 현영섭(2010)은 실행공동체의 사회적 네트워크, 지식공유, 학습전이의 영향관계에 대한 연구에서 지식공유가 학습전이에 미치는 효과는 0.19로 낮게 나타난 것에 대해 학습과 실천의 관계가 낮을 수 있다고 주장하고 있으며, 실행공동체의 학습활동인 지식공유는 형식학습에 비해 구조화의 정도가 낮고 사회화의 과정을 통해 암묵지가 전해지는 사회적 맥락의 학습이기 때문에 실행공동체 내 전문가들과의 네트워크의 형성, 구성원 간 친밀감과 신뢰의 관계형성, 공동체 의식 등 만족도를 향상시킬 수 있는 요인들이 지식공유와 결합하여 학습전이에 영향을 미칠 수 있다고 볼 수 있다.

연구개발 직군의 실행공동체에 있어 만족도가 지식공유 보다 학습전이에 더 큰 영향을 미치는 요인이라는 것은, 실행공동체의 학습의 과정을 지식을 제공, 습득, 활용하는 시스템적인 지식공유 관점에서 멤버 상호간의 신뢰와 친밀감 등 정서적 유대를 통해 공동체를 형성하고 유지, 발전시키는 복합적인 공동체적 활동의 관점으로 이해해야 한다는 것을 시사하고 있다. 실행공동체의 학습활동을 이러한 사회적 맥락 속에서의 학습활동으로 이해한다면 실행공동체 학습활동이 연구개발 현장에서 학습전이와 활용성을 높일 수 있도록 실행공동체의 목표와 활동 방향을 설계하는 데 도움이 될 수 있을 것이다.

Chapter 06

# 연구개발 직군의 실행공동체 연구 시사점

국내 실행공동체 관련 연구는 교육학을 중심으로 연구가 진행되어 왔으며, 기업에서 실행공동체의 중요도가 높아짐에 따라 최근에는 경영학에서 활발하게 연구가 진행되고 있다. 경영학에서의 기존 연구들은 크게 두 가지로 나누어 볼 수 있는 데, 실행공동체 운영의 성과와 성과를 내기 위한 조건에 관한 연구, 실행공동체를 통한 지식공유와 지식공유에 영향을 미치는 요인에 대한 연구로 나눌 수 있었다. 또한, 실행공동체와 관련된 경영학 분야의 기존 연구에 적용된 주요 개념과 이론들을 보면 연구 초기 단계에서는 지식경영 시스템과의 차별적 관점에서 학습동기와 보상을 중점적으로 다루었으며, 실행공동체의 유형과 성숙도 상황 등을 세분화한 연구로 발전하였고, 최근의 연구는 학습조직, 사회자본이론, 혁신확산이론 등이 도입되고 있으며, IT와 SNS의 발달 등의 영향으로 네트워크 이론, 지식통합, 복잡계 등의 개념이 접목되면서 실행공동체에 대한 연구에 다양한 개념, 이론들이 접목되고 있다.

자발적 참여를 전제로 하는 실행공동체는 학습조직문화를 기반으로 환경적 토대가 구성되고 학습전이를 통한 활성화와 활용 방향이 모색될 때 기업이 원하는 효과적인 성과를 거둘 수 있으므로, 학습조직문화와 학습전이 관점에서 기존의 연구를 분석하였다. Kanold(2002), Watkins & Marsick(1996)가 제시한 학습조직문화의 틀에서 기존 연구의 진행 현황을 분석한 결과 개인의 발전과 성장에 관한 개인 성과와 지식 공유 시스템 측면을 중심으로 연구가 진행되고 있는 것으로 나타났다. 또한, 조직의 지속적인 개선의지와 조직의 비전 공유, 부서간 협력 등의 요소에 대한 실행공동체의 연구는 제한적으로 이루어졌으므로 향후 학습조직문화의 다양한 구성요소들이 실행공동체와 어떤 관련을 가지는 지에 대한 연구가 필요할 것이다. 특히, 빠르게 변화하는 기업 외부 환경에서 기업이 경쟁력을 갖추기 위해서는 기존의 지식을 축적하고 새로운 지식과 기술을 창출할 수 있는 학습조직문화를 갖추어야 하므로 학습조직문화의 다양한 구성요소들이 실행공동체에 어떠한 영향을 주고 있는 지 확인할 필요가 있으며, 실행공동체의 성공과 학습조직문화의 조성을 함께 연계한 연구가 이루어질 필요가 있다.

학습 활동의 결과가 업무 현장에 적용되어 성과로 이어지는 학습전이와 실행공동체의 학습활동인 지식공유는 실천을 전제로 한다는 점에서 맥을 같이 한다. 학습 전이에 관한 Noe(1986)의 모형과 Holton III(2005)의 학습전이 평가 모델의 구성요소들을 분석틀로 하여 실행공동체의 기존 연구를 분석한 결과 학습전이의 구성요소 중 동기와 성과 중심으로 연구되었고, 학습의 주체로서 학습자 개인이 가지고 있는 특성과 능력, 학습에 대한 기대 수준 등에 대한 연구는 제한적으로 이루어지고 있었다. 실행공동체에서 지식공유와 개인과 조직의 성과로 이어지게 하는 중요한 개념으로서 학습전이를 다루어야 하며, 상호작용의 관점에서 개인적인 속성이 학습전이에서 어떠한 영향을 미치는 지에 대한 연구가 전개되어야 한다. 기업교육은 집합 교육을 중심으로 이루어지는 형식 교육과 실행공동체를 중심으로 한 비형식 교육을 포괄하며, 학습의 결과는 단순한 학습이 아닌 개인의 직무 능력과 직무 성과 향상으로 이어져야 의미가 있기 때문에 학습전이는 실행공동체의 활성화와 발전을 위해 중요한 개념이다. 학습자의 특성과 능력 등 실행공동체의 상호작용에 영향을 미칠 수 있는 학습전이 구성요소와 연계한 연구들이 많이 이루어져야 할 필요가 있다.

실행공동체는 특정 주제에 대해 자발적으로 구성된 공동체의 회원간 상호작용을 통해 공동체의 목적을 실현하고, 개인의 역량 향상, 네트워크 형성 등의 사전 기대의 충족을 추구한다. 전수환 · 김정수(2005)의 연구에서 생산직 그룹과 연구개발직 그룹의 실행공동체 영향요인이 다른 것으로 나타난 것과 같이 공동체를 이루고 있는 개인과 집단의 특성이 공동체의 활성화 및 성공에 영향을 미칠 수 있다. 그렇지만, 실행공동체의 국내 문헌 연구를 통해 확인한 결과 그 동안의 연구들은 연구대상을 세분화하지 않고 특정 변수를 중심으로 인과관계를 밝혀내기 위한 연구가 중심으로 이루고 있는 것으로 확인되었으므로 연구대상을 세분화하여 실증연구를 수행할 필요가 있다. 지식기반사회와 지식융합시대에 있어서 실행공동체와 관련하여 가장 주목해야 할 집단 중 하나는 기존의 지식과 기술들을 융합하고 새로운 지식과 기술 창출을 목적으로 하는 연구개발 집단이다.

L 전자의 연구개발 직군은 선행단계의 연구개발과 양산단계의 연구개발로 나누며 선행 연구개발은 L전자 내에서 3년 이후의 중장기 연구개발에 집중하면서 기초, 응용, 선행개발을 담당하고, 양산 연구개발은 선행 연구개발 단계를 거쳐서 양산 단계로 진입하여 1년 내 제품 출시를 예정으로 한 연구개발에 집중한다. 이러한 연구개발 직군 내에서의 세부 특성에 따라 3장에서 양산 연구개발 직군을 대상으로 실증연구를 위해 수집한 자료에서 학사 65.7%, 석사 29.5%, 박사 2.2%로 주로 학사와 석사를 중심으로 한 연구원들로 구성된 것으로 나타났으며, 4장에서 선행 연구개발 직군을 대상으로 실증연구를 위해 수집한 자료에서는 학사 9.7%, 석사 72.3%, 박사 18%로 주로 석사와 박사 중심의 학력을 가진 연구원들로 구성된 것으로 나타나 연구개발 직군 내에서도 연구원의 특성, 일하는 방식과 문화가 다를 수 있음을 유추해 볼 수 있다.

양산단계의 연구개발 직군 실행공동체 영향요인과 만족도 및 학습문화 활성화에 미치는 영향 관계를 분석한 결과 개인요인, 상호작용요인, 지원요인은 만족도에 영향을 미치지만, 환경요인은 영향을 미치지 않았다. 영향력의 크기는 상호작용요인의 회귀계수 0.462로 가장 크고 개인요인 0.156, 지원요인 0.136으로 비슷한 것으로 나타났으며, 실행공동체 만족도는 학습문화 활성화에 영향을 미치는 것으로 나타났다. 결국 회원들간의 신뢰와 친숙한 관계가 형성되면 실행공동체 활동 전반에 대한 만족도, 활동 전 기대사항 충족, 동료들에게 실행공동체 참여를 추천하는 등 실행공동체 만족도에 큰 영향을 미치며 이는 실행공동체 활동에 대한 몰입과 지식공유가 활발히 이루어지는 학습문화활성화로 이어짐을 확인할 수 있었다. 양산 연구개발 직군의 실행공동체를 활성화하기 위해서는 상호작용요인을 유인할 수 있는 조직 지원 프로그램을 가장 우선적으로 고려하여야 하며, 이와 함께 전문성을 갖춘 연구원들이 참여하고, 조직과 리더가 활동을 인정해 주는 제도적, 문화적 풍토를 형성해야 함을 알 수 있었다. 또한, 성숙집단과 미성숙집단으로 구분하여 비교분석한 결과 집단간 영향요인에 특별한 차이는 없는 것으로 나타났지만, 성숙도가 높아질수록 영향요인의 영향력이 커지며 만족도와 학습문화활성화가 높아진다는 것을 알 수 있었다.

선행단계의 연구개발 직군 실행공동체 영향요인이 지식공유와 학습전이에 미치는 영향 관계를 분석한 결과 개인요인, 상호작용요인, 지원요인은 지식공유에 영향을 미치지만, 환경요인은 영향을 미치지 않았다. 영향력의 크기는 개인요인이 표준화 회귀계수 0.540으로 가장 높았으며, 상호작용요인 0.312, 지원요인 0.107 순으로 나타났다. 지식공유는 학습근전이에 직접적인 영향을 미치며, 학습원전이에 직간접적인 영향을 미치는 것으로 나타났다. 또한, 지식공유는 개인요인, 상호작용요인, 지원요인과 학습근전이간 간접효과를 미치며, 이 중 개인요인이 지식공유를 통해 학습근전이에 미치는 간접효과는 0.417로 가장 크게 나타났고, 지식공유는 개인요인, 상호작용요인과 학습원전이간 간접효과가 있는 것으로 나타났다.

선행 연구개발과 양산 연구개발 직군에서의 실행공동체 영향 관계에 대한 세부적인 요인을 이해하기 위해 선행집단과 양산집단으로 나누어 유사 항목에 대해 T-test를 수행하여 집단간 변수의 차이를 추가적으로 분석한 결과 개인요인은 t값 4.335, $p<0.001$, 상호작용요인은 t값 4.459, $p<0.001$, 지원요인은 t값 4.090, $p<0.001$, 만족도는 t값 5.801, $p<0.001$, 지식공유는 t값 3.127, $p<0.01$로 나타났으므로 선행 연구개발 집단과 양산 연구개발 집단간 평균의 차이가 있다고 할 수 있다.

결국 선행 연구개발 직군의 실행공동체 영향요인 중 지식공유에 가장 영향력이 큰 요인은 개인요인으로 양산 연구개발 직군의 실행공동체에서 만족도에 상호작용요인이 가장 영향력이 컸던 것과 비교되며, 이는 선행 연구개발 직군이 석박사 중심으로 구성된 전문가 집단으로서 자기중심적인 집단의 특성을 보이는 것으로 생각해 볼 수 있다. 석박사로 구성된 선행 연구개발 직군은 자신의 전문성과 경력개발을 중요하게 여기고, 연구 주제와 연구 방법의 선정에 있어서 자율성을 추구하며, 비일상적이고 도전적인 과제를 선호하고, 자신의 전문성이 조직에 영향을 미치며, 전문가 집단으로부터 전문성을 인정받는 것을 중요시하는 자기중심적인 집단의 특성을 가지고 있다고 볼 수 있다(Gratton, 1987; Miller, 1986; 송선일 · 이찬, 2013; 차종석 · 김영배, 1997). 석박사 중심의 연구개발 직군은 실행공동체 운영에 있어서 자기중심적인 특성을 고려하여 개인이 실행공동체에 참여하게 된 동기와 기대 충족을 시킬 수 있도록 실행공동체 지원과 활성화 전략을 우선적으로 고려해야 할 것이다(Gratton, 1987; Miller, 1986; 송선일 · 이찬, 2013; 차종석 · 김영배, 1997).

연구개발 직군을 구분하지 않고 수행한 기존 연구에서 지식공유는 학습전이와 낮은 상관과 경로계수를 보이고 있는 것에 대해 아는 것과 적용하는 것의 차이 또는 측정 준거간의 차별 등으로 관계가 낮을 수 있다는 주장을 하고 있는 데(권대봉, 2003; 현영섭, 2010), 이는 석박사로 구성된 선행 연구개발 직군을 대상에서 지식공유와 학습근전이간 0.723의 높은 상관관계 및 0.772의 표준화된 경로계수를 보인 것과는 차이가 있는 것으로 나타났다. 이러한 결과는 석박사로 이루어진 연구개발 직군 연구원들의 전문가적인 특성과 관련이 있을 가능성이 크며, 이들은 개인 또는 소규모 프로젝트 단위로 연구를 수행하며, 관심있는 분야에는 스스로 참여하고 몰입하여 학습하며, 학습 결과를 실제 연구에 적용하려는 경향이 높은 특성이 높은 학습근전이를 발생시키는 이유가 될 수 있을 것이다.

두 편의 실증연구에서 집단의 특성에 따라 가장 영향력이 큰 요인은 달랐지만, 공통적으로 영향력이 큰 요인은 상호작용요인인 것으로 나타났으며, 개인요인과 지원요인이 함께 영향력을 미치는 것으로 확인되었으므로 연구개발 인력의 실행공동체를 활성화하기 위해서는 집단의 특성과 함께 실행공동체 영향요인을 종합적으로 고려하여야 한다. 또한, 활성화된 실행공동체는 공통적으로 오프라인 상에서 회원간 교류가 활발히 이루어지고 있으므로 실행공동체를 지원하는 조직과 리더는 자발성을 훼손하지 않는 선에서 관심과 지원을 표명하여 실행공동체의 상호작용성을 높여야 한다. 실행공동체 초기 단계에서는 활동의 목표와 멤버 구성, 운영 기준 설정 등에 대한 논의없이 활동이 전개되어 시행착오를 겪으면서 추진 동력이 형성되지 않아 실행공동체가 소멸되는 경우가 있으므로 지원조직은 실행공동체 운영 상 나타날 수 있는 문제와 갈등 관리, 관계 관리, 신뢰와 친밀감 형성 등을 위한 코칭이나 상담, 실행공동체 학습결과물의 출판, 학습 자원화, 사업 아이디어 검토 등 전문적이고 다양한 지원 역할을 수행해야 할 것이다.

개인차원에서의 내재적 동기와 외재적 동기, 조직차원에서의 리더 지원과 조직 지원을 실행공동체의 영향 요인으로 구성하여 지식공유와 만족도 및 학습전이에 미치는 구조적 영향관계를 실증한 결과 연구개발 직군의 실행공동체 지식공유 활동은 내재적 동기, 리더 지원에 긍정적인 영향을 받지만, 외재적 동기에는 부정적인 영향을 받을 수 있는 것으로 나타났다. 또한, 만족도는 내재적 동기와 리더 지원에 긍정적인 영향을 받지만 외재적 동기와 조직 지원에는 영향을 받지 않는 것으로 나타났다. 이러한 결과는 연구개발 연구원들의 자기중심주의적인 집단의 특성과 관련성이 있을 수 있으며, 이러한 특성으로 인해 외재적 동기와 조직 지원의 영향력은 조직중심적인 성향의 집단과 다르게 나타날 수 있다. 연구개발 직군은 외재적 동기와 조직의 지원이 높아지면 자율성의 훼손을 가져올 수 있으므로 오히려 지식공유 활동을 저하하게 되며, 결과적으로 만족도의 하락으로 이어지게 된다고 볼 수 있다.

실행공동체의 학습활동인 지식공유는 만족도에 긍정적인 영향을 미치며, 학습전이는 지식공유와 만족도에 긍정적인 영향을 받는 것으로 나타났다. 형식학습에서도 학습과 학습만족도는 학습전이에 긍정적인 영향을 미치지만 무형식학습인 실행공동체에서의 영향력은 차이가 있는 것으로 나타났다. 실행공동체의 학습활동인 지식공유의 학습전이에 대한 영향력은 0.404이며, 만족도의 영향력은 0.627로 만족도의 영향력이 크며, 내재적 동기와 리더 지원은 지식공유와 만족도를 매개로 학습전이에 영향을 미치는 것으로 나타났다. 이러한 결과는 실행공동체 활동에 있어서 지식공유 외의 학습전이에 미치는 다른 요인들이 있을 수 있다는 것을 의미한다. 실행공동체의 학습활동인 지식공유는 형식학습에 비해 구조화의 정도가 낮고 사회화의 과정을 통해 암묵지가 전해지는 사회적 맥락의 학습이다. 사회적 맥락의 학습에서는 실행공동체 내 구성원 간 친밀감과 신뢰의 관계, 공동체 의식, 공동체 내 역동 등 만족도에 영향을 미치는 다양한 요인들이 지식공유와 결합하여 학습전이에 영향을 미칠 수 있다고 볼 수 있다.

연구개발 직군의 실행공동체 활동을 활성화하기 위해서는 개인의 내재적 동기와 리더 지원을 촉진할 수 있도록 지원방안이 설계되어야 한다. 또한, 전문적인 지원조직의 운영이나 평가 보상과 같은 제도적 방안은 연구개발 직군의 실행공동체 활동에 부정적인 영향을 미칠 수 있다는 것을 인지하고 설계되어야 함을 시사한다.

Nonaka & Takeuchi(1995)는 지식을 암묵지(tacit knowledge)와 형식지(explicit knowledge)로 구분하면서 SECI 모형을 통해 암묵지와 형식지가 조직 내 공유, 전환되는 방식을 암묵지가 암묵지로 전환되는 사회화(socialization), 암묵지가 형식지로 전환되는 외면화(externalization), 형식지가 형식지로 전환되는 연결화(combination), 형식지가 암묵지로 전환되는 내면화(internalization)의 사이클을 거치면서 지식의 공유와 학습전이가 발생한다고 주장하고 있다. 이는 전문가가 가지고 있는 암묵지가 타인과 조직에게 전이되기 위해서는 암묵지 단계에서 형식지로 전환되는 과정의 중요성을 설명하고 있다. L사에서는 모든 직원들이 연간 최소 학습해야 할 학습기간을 2일로 정하고 연간 최소 2학점을 취득해야 한다는 직무학점제를 적용하면서 자율학습의 형태인 사내 세미나에 참여시 시간당 0.1학점을 부여하고 있고, 사내 세미나 인정의 조건으로 형식지로 만들어진 세미나 자료의 등록을 명시하고 있다. 실행공동체는 자율적인 세미나 형태의 학습이 많이 이루어지므로 실행공동체의 리더가 세미나에 참여한 멤버들에게 직무학점을 부여해 주기 위해 세미나 자료를 만들어 등록을 하게 되므로 암묵지가 암묵지로만 존재하지 않고 자연스럽게 형식지로 변환되도록 하고 있으며, 이러한 암묵지가 형식지로 변환되는 것으로 결국 실행공동체의 지식공유의 질을 높이고 활동을 촉진하게 되므로 자발적인 실행공동체 활동을 촉진하기 위해서는 사내 제도와의 연계가 필요하겠다.

## ▣ 참고문헌


강민형, 이재남(2015), “개인의 지식기여 선행요인 간 상호작용효과,” 「지식경영연구」, 제16권 제1호, pp. 55-69.

강여진, 박천오(2003), “공공기관 조직구성원간의 신뢰와 지식공유,” 「한국행정연구」, 제12권 제4호, pp. 91-122.

고윤정, 강주선, 김종기, 고일상(2014), “지식공유활동 및 커뮤니티 활성화에 미치는 영향요인과자발적 지식제공의지의 조절효과에 관한 연구 : 전문, 비전문 지식커뮤니티를 중심으로,” 「경영학연구」, 제43권 제6호, pp. 2175-2199.

고준, 엄기용(2006), “온라인 실행공동체(Communities-of-Practice)활성화 요인과 스폰서의 영향,” 「경영정보학연구」, 제16권 제2호, pp. 183-205.

곽선화 (2007), “지식경영 성공을 위한 인적자원관리 전략에 관한 연구,” 「인적자원관리연구」, 제14권, 특별호, pp. 25-41

구정모, 송해덕(2011), “지식공유의도를 매개로 한 CoP 참여의지와 몰입 간의 관계,” 「한국HRD연구」,제6권 제1호, pp. 75-95.

권대봉(2003), 「인적자원개발의 개념변천 및 이론에 대한 종합적 고찰」, 서울: 원미사.

권욱현・국양・윤경병・이영무・이훈택・최수영・신영균 (2010), 「연구개발 단계별 개념 정립에 관한 연구」, 한국과학기술한림원.

금혜진, 정재삼(2007), “기업교육프로그램에서 자기효능감, 초인지, 학업성취도, 전이풍토와 학습의 근전이(near transfer) 및 원전이(far transfer)간의 관계 규명,” 「교육공학연구」, 제23권 제3호, pp. 1-30.

김광표, 채명신, 염대성(2009), “중소기업 CoP특성과 조직시민행동간 관계 실증연구 - CoP성과의 매개역할을 중심으로 -,” 「인적자원관리연구」, 제16권 제3호, pp. 1-29.

김기홍 (2015), “상사신뢰가 구성원의 지식공유와 창의성에 미치는 영향에 관한 연구 - 내재적 동기부여의 매개효과 -,” 「인적자원관리연구」, 제22궈, 제2호, pp. 39-63.

김나영, 강정은(2011), “여성 평생교육참가자의 참여동기, 기관의 지원, 만족도, 학습성과 간의 관계 규명,” 「한국콘텐츠학회」, 제11권 제12호, pp. 958-968.

김병수, 한인구(2012), “R&D 조직의 지식 경영 활동이 R&D 성과에 미치는 영향,” 「지식경영연구」, 제13권 제1호, pp. 25-39.

김성진, 홍종의, 서의호(2011), “식스시그마 실행을 위한 전략적 실행공동체의 활성화,” 「경영과학」, 제28권 제1호, pp. 129-140.

김연선, 김건(2015), “호텔리어의 직무환경이 감정소진과 직무만족 그리고 이직의도에 미치는 연구,” 「한국콘텐츠학회」, 제15권 제7호, pp. 544-554.

김영배, 차종석(1999), “R&D 전문가를 위한 인력관리 : 박사급 인력을 중심으로,” 「기술혁신연구」, 제7권 제1호, pp. 124-150.

김영순(2005), 「실행공동체의 특성이 학습효과에 미치는 영향 - 학습효과의 조직성과에 대한 매개효과를 중심으로 -」, 성균관대학교 석사학위논문.

김인학, 고준(2011), “CoP(Community of Practice) 에서 동기특성, 활동특성, 인구통계 특성이 지식공유활동에 미치는 영향,” *Entrue Journal of Information Technology*, 제10권 제2호, pp. 133-147.

김인학, 이지현, 고준, 김희웅(2010), “CoP(Community of Practice)의 지식공유활동에 영향을 미치는 요인 : CoP 참여기간의 조절효과,” 「POSRI 경영경제연구」, 제10권 제1호, pp. 23-38.

김정식, 김현철(2012), “리더의 코칭과 부하직원들의 성과간의 관계에서 내재적 동기부여, 직무만족 및 직무몰입의 영향,” 「대한경영학회지」, 제25권 제2호, pp. 675-695.

김정진, 기영화, 채병민(2012), “군인의 학습동아리 참여효과에 관한 연구 - 육군 “H연구회”를 중심으로 -,“ 「인적자원관리연구」, 제19권 제5호, pp. 53-72.

류성렬, 구철모, 서우종(2009), “실행공동체와 조직의 지식교환에 대한 실증연구 : 조직지원, 신뢰, 정보시스템을 중심으로,” 「대한경영학회지」, 제22권 제1호, pp. 99-128.

박경수, 오승원(2014), “온라인 실행공동체에서의 지식공유에 관한 연구 : 관계적 특성을 중심으로,” 「한국IT서비스학회지」, 제13권 제1호, pp. 103-124.

박문수 · 김동영 · 한인수 · 공희경 (2002), “대학 구성원의 지식공유에 관한 연구,” 「지식경영연구」, 5(1), 72.

박문수, 문형구(2004), “집단간 지식공유의 영향요인에 관한 연구,” 「지식경영연구」, 제5권 제2호, pp. 1-23.

박윤규, 박상선, 정찬율, 김다솜, 이재훈(2013), “CoP 활성화를 통한 지식경영 - 아이쿱 생협의 인트라넷 활용사례-,” 「지식경영연구」, 제14권 제5호, pp. 35-53.

박지성, 김성수(2014), “고령화-조직성과 관계에 있어 지식 전파 HR 제도의 역할 - 지식 경영 관점을 중심으로,” 「인적자원관리연구」, 제21권 제3호, pp. 173-196.

방유성, 이명성(2000), “성공적 지식경영을 위한 CoP 운영전략 : S사의 지식경영구축 사례를 중심으로,” 「지식경영연구」, 제1권 제1호, pp. 127-137.

배병렬(2006), 「LISREL 구조방정식모델-이해, 활용 및 프로그래밍」, 서울: 청람.

배을규, 정보라, 이민영(2013), “조직의 학습전이풍토가 기술사의 학습전이에 미치는 영향 – 계속전문교육 ( CPD ) 참여 동기의 매개효과를 중심으로 –,” 「공학교육연구」, 제16권 제2호, pp. 11-23.

백윤정, 김은실(2008), “실행공동체(CoP)내 지식공유의 영향요인 : 구조적 특성과 관계적 특성의 조절효과를 중심으로,” 「지식경영연구」, 제9권 제2호, pp. 63-86.

서현주(2014), “실행 공동체 구성원의 흡수능력과 공동체 성과간의 관계,” 「지식경영연구」, 제15권 제1호, pp. 1-19.

서현주, 정예선, 김효근(2004), “학습 공동체의 특성이 기업 e-Learning 성과에 미치는 영향,” 「지식경영연구」, 제5권 제1호, pp. 19-38.

송선일, 이찬(2013), “대기업 연구개발 인력의 학습지원환경과 무형식학습 수준의 관계에서 학습도구 활용의 조절효과,” 「농업교육과 인적자원개발」, 제45권 제2호, pp. 149-170.

송윤희(2011), “대학 학습동아리 활동에서 자기주도학습능력, 집단효능감, 지식공유 및 만족도와의 관계,” 「교육과학연구」, 42(3), pp. 179-209.

신유근(1994), 「조직행위론」, 서울: 다산출판사.

신은경(2012), “기업내 무형식학습의 구성요소, 결과, 학습전이동기 간의 구조적 관계,” 「HRD연구」, 14(3), pp. 25-59.

신형재, 권용만, 김진수, 신태호(2013), “학습조직 구축과 조직유효성과의 관계에 있어

자식공유의 조절효과 분석,” 「경영교육연구」, 제28권 제4호, pp. 457-479.

양흥권(2011), “실천공동체(CoP)의 학습 분석틀 구성 연구,” 「한국HRD연구」, 제6권 제4호, pp. 41-59.

오성호, 김보영(2015), “연구개발 직군의 실행공동체 영향요인이 만족도 및 학습문화 활성화에 미치는 영향 : 집단 성숙도에 따른 비교 분석,” 「한국콘텐츠학회」, 제15권 제12호, pp. 407-420.

오승원, 박경수(2012), “온라인 실행공동체에서 구성원 간 지식공유에 영향을 미치는 요인에 관한 연구,” 「경영교육연구」, 제27권 제3호, pp. 147-170.

오헌석, 김정아(2007), “전문성 연구의 주요 쟁점과 전망,” 「기업교육연구」, 제9권 제1호, pp. 143-168.

유선주(2013), 「학교장의 교육리더십, 학습조직문화, 교사효능감 및 교사의 학습 몰입 변인 간의 구조적 관계」, 숭실대학교 박사학위논문.

유선주, 최은수(2013), “교사의 학습 몰입 변인 간의 구조적 관계,” *Andragogy Today*, 16(2), 147-173.

유일, 고준, 김재전, 박성종(2006), “지식경영시스템의 사용자 성과에 영향을 미치는 요인 : 실행공동체 특성요인을 중심으로,” 「지식경영연구」, 제7권 제1호, pp. 31-47.

윤태인(2012), 「학습전이풍토가 공식적 무형식학습 만족도를 매개로 학습전이에 미치는 영향」, 연세대학교 석사학위논문.

윤현진, 윤관식, 이병철(2012), “만족도 , 학습 , 학습전이 간의 관계 분석,” 「기업교육학회」, 제14권 제2호, pp. 65-98.

이갑두(2014), “기업의 학습복잡계에 관한 연구,” 「경영교육연구」, 제29권 제4호, pp. 390-415.

이건호, 민진영, 허동철, 이준영, 이희석(2014), “CoP 내 지식통합과 CoP 성과 연구: 사회적 자본과 CoP 구성 다양성을 기반으로,” 「지식경영연구」, 제15권 제2호, pp. 129-145.

이기환(2003), 「평생교육학습자의 참여동기와 만족도: 관공서의 평생교육을 중심으로」, 대구대학교 대학원 박사학위논문.

이도형(1996), “조직내 교육 훈련의 학습 및 전이 효과 모델 검증 연구,” 「한국심리학회

지: 산업 및 조직」, 제9권 제1호, pp. 59-88.

이동배(2007), 「기업교육에서 근전이와 원전이의 영향요인에 관한 연구」, 경희대학교 박사학위논문.

이수철, 서의호, 홍대근(2011), "실행공동체 멤버 재구성을 통한 조직차원에서의 지식 공유 활동 개선 방안 연구," *Information Systems Review*, 제13권 제2호, pp. 1-16.

이은철, 최문선(2015), "국내의 실천공동체 ( Communities of Practice ) 연구 동향 분석 및 성공 요인 분석," 「한국콘텐츠학회」, 제15권 제3호, pp. 438-447.

이정은, 김진모(2008), "실행공동체의 구조적 요인과 개인 및 조직성과의 관계," 「직업교육연구」, 제27권 제3호, pp. 1-23.

이종훈, 김성환(2014), "학습공동체 교수자의 조직학습 구축과 성인학습자의 학습참여 동기, 학습만족도 간의 구조적 관계," *Andragogy Today*, 제17권 제4호, pp. 231-251.

이홍재, 박성종, 한수영(2013), "개인동기 및 조직후원 요인이 CoP 참여와 성과에 미치는 영향," 「경영교육연구」, 제28권 제5호, pp. 383-403.

임숙경, 조용하(2008), "여성 성인학습자의 평생학습 참여성과 및 영향요인에 관한 구조모형분석," *Andragogy Today*, 제11권 제4호, pp 53-76.

장희영, 고일상(2012), "CoP(Community of Practice) 활동에 영향을 미치는 조직환경과 동기요인에 관한 연구 : CoP 발전단계에 따른 탐색적 연구," *Entrue Journal of Information Technology*, 제11권 제3호, pp. 35-55.

전수환, 김정수(2005), "CoP에서의 지식공유행위에 대한 영향요인: Triandis 모형을 근간으로," 「경영학연구」, 제3권 제6호, pp. 1667-1692.

정민승(2000), "온라인 학습공동체의 구성원리," 「평생교육학연구」, 제6권 제1호, pp. 135-162.

정의상(2005), 「실행공동체(CoP) 활성화 요인이 지식학습 효과성에 미치는 영향」, 경북대학교 석사학위논문.

정한규, 손태원(2004), "연구개발조직의 창의적 연구환경과 효과성: 정부출연연구기관에 대한 탐색적 연구," 「인사·조직연구」, 제12권, pp. 127-165.

차종석, 김영배(1997), “연구개발 인력의 경력지향성과 성과: 전문가 지향성과 조직인 지향성의 상보적인 효과,” 「경영학연구」, 제26권 제4호, pp. 961-986.

최인명, 전수환, 김영걸(2007), “기업 실행공동체(Communities of Practice) 성과측정체계의 탐색적 분석,” 「지식경영연구」, 제8권 제2호, pp. 17-30.

최종인(2007), “융합형 인재양성: 기술경영을 중심으로,” 「한국로고스경영학회 학술발표대회논문집」, pp. 315-328.

최종인, 권상순(2007), “미래 인적자원개발을 위한 실천공동체 : 특허청을 중심으로,” 「지식경영학회지」, 제20권 제4호, pp. 1747-1773.

최종진, 정남호, 조용말(2008), “창의적 학습동아리 활동을 통한 차세대 지식경영 구현사례 : 포스코,” 「지식경영연구」, 제9권 제1호, pp. 147-161.

한동효, 김주찬, 조현준(2007), “구조방정식모형(SEM)을 이용한 지방공무원의 지식공유 영향요인 분석,” 「한국거버넌스학회보」, 제14권 제3호, pp. 1-30.

허명숙 · 천명중 (2007), “플로우(Flow)의 구성요인, 조직몰입, 지식공유와 직무만족과의 관계에 대한 실증연구,” 「정보시스템연구」, 제16권, 제4호, pp. 1-31.

현경택, 홍아정(2009), “지식경영 : 학습전이에서 지식공유로,” 「한국HRD연구」, 제4권 제3호, pp. 79-94.

현영섭(2004), 「Kolb의 경험학습모형을 적용한 기업교육 학습전이 모형」, 고려대학교 박사학위논문.

현영섭(2009), “학습전이 초기발생과 변화의 영향요인에 대한 잠재성장모형 분석,” 「인력개발연구」, 제11권 제2호, pp. 153-177.

현영섭(2010), “실천공동체의 사회적 네트워크, 지식공유, 학습전이간의 구조적 관계 분석,” 「한국HRD연구」, 제5권 제3호, pp. 39-59.

현영섭, 김준희(2005), “기업체의 학습조직 구축요인과 학습전이간의 관계 : 학습조직 구축요인의 위계적 관계를 가정한 모형을 중심으로,” 「한국교육학연구」, 제11권 제1호, pp. 171-196.

홍대근, 구충효, 서의호(2009), “실행공동체를 이용하여 지식공유의 제약사항 극복 : 철강회사 사례를 중심으로,” *Information Systems Review*, 제11권 제2호, pp. 131-145.

홍종의(2012), "Virtual 실행공동체의 진단 방법론 개발," 「경영과학」, 제29권 제1호, pp. 73-88.

Agarwal, R. and Karahanna, E. (2000). Time flies when you're having fun: cognitive absorption and beliefs about information technology usage. *MIS Quarterly*, 24(4), 665-694.

Allen, T. J. and Katz, R. (1992). Age, Education and the Technical Ladder. *IEEE Transactions on Engineering Management*, 39(3), 237-245.

Amabile, T. M., Hill, K. G., Hennessey, B. A. and Tighe, E. M. (1994). The Work Preference Inventory : Assessing Intrinsic and Extrinsic Motivational Orientations. *Journal of Personality and Social Psychology*, 66(5), 950-967.

Anderson, J. C. and Gerbing, D. W. (1988). Structural Equation Modeling in Practice : A Review and Recommended Two-Step Approach. *Psychological Bulletin*, 103(3), 411-423.

Arbesman, S. (2012). *The Half-Life of Facts: Why Everything We Know Has an Expiration Date*. Penguin.

Ardichvili, A., Page, V. and Wentling, T. (2003). Motivation and Barriers to Participation In Virtual Knowledge-Sharing Communities Of Practice. *Journal of Knowledge Management*, 7(1), 64-77.

Baldwin, T. T. and Ford, J. K. (1988). Transfer of Training : A Review and Directions for Future Research. *Personnel Psychology*, 41(1), 63-105.

Bandura, A. (1986). *Social foundations of thought and action: A social cognitive theory.* Prentice-Hall, Inc.

Bearden, W. W. O. and Teel, J. E. (1983). Selected Determinants of Consumer Satisfaction and Complaint Reports. *Journal of Marketing Research*, 20(1), 21-28.

Bock, G. W., Zmud, R. W., Kim, Y. G. and Lee, J. N. (2005). Behavioral Intention Formation in Knowledge Sharing : Examining the Roles of Extrinsic Motivators , Social-Psychological Forces , and Organizational Climate. *MIS Quarterly*, 29(March), 87-112.

Brown, J. S. and Duguid, P. (1991). Organizational learning and communities-of-practice: Toward a unified view of working, learning, and innovation. *Organization Science*, 2(1), 40–58.

Cameron, K. S. and Quinn, R. E. (2011). *Diagnosing and Changing Organizational Culture: Based on the Competing Values Framework.* The Jossey-Bass.

Davenport, T. H., Long, D. W. De, and Beers, M. C. (1998). Successful Knowledge Management Projects. *Sloan Management Review*, 39(2), 43–56.

Davenport, T. H. and Prusak, L. (1998). *Working knowledge: how organizations manage what they know*. Harvard Business Press.

Drucker, P. (1993). *Post Capitalist Society*. NY: Harper Business.

Dutton, J. E. and Dukerich, J. M. (1991). Keeping an eye on the mirror: Image and identity in organizational adaptation. *Academy of Management Journal*, 34(3), 517–554.

Enos, M. D., Kehrhahn, M. T. and Bell, A. (2003). Informal Learning and the Transfer of Learning : How Managers Develop Proficiency. *Human Resource Development Quarterly*, 14(4), 369–387.

Ford, J. K. and Weissbein, D. A. (2008). Transfer of Training: An Updated Review and Analysis. *Performance Improvement Quarterly*, 10(2), 22–41.

Fornell, C. and Larcker, D. F. (1981). Evaluating structural equation models with unobservable variables and measurement error. *Journal of Marketing Research*, XVIII, 39–50.

Gagné, R. M. (1985). *The conditions of learning and theory of instruction*. New York: Holt, Rinehart and Winston.

Gefen, D., Straub, D. W. and Boudreau, M.-C. (2000). Structural equation modeling and regression: Guidelines for research practice. *Communications of the Association for Information Systems*, 4(1), 7.

Gongla, P. and Rizzuto, C. R. (2001). Evolving communities of practice: IBM Global Services experience. *IBM Systems Journal*, 40(4), 842–862.

Gratton, B. (1987). Familism among the black and Mexican-American elderly: myth or reality? *Journal of Aging Studies*, 1(1), 19–32.

Gupta, A. K. (2000). Knowledge Management's Social Dimension : Lessons From Nucor Steel. *MIT Sloan Management Review*, 42(1), 71–80.

Hansen, M. T. (1999). The search-transfer problem: The role of weak ties in sharing knowledge across organization subunits. *Administrative Science Quarterly*, 44(1), 82–111.

Hendriks, P. (1999). Why Share Knowledge? The Influence of ICT on the Motivation for Knowledge Sharing Why Share Knowledge ? The Influence of ICT on the Motivation for Knowledge Sharing. *Knowledge and Process Management*, 6(2), 91–100.

Herling, R. W. (2000). Operational definitions of expertise and competence. *Advances in Developing Human Resources*, 2(1), 8–21.

Holton III, E. F. (1996). The flawed four-level evaluation model. *Human Resource Development Quarterly*, 7(1), 5–21.

Holton III, E. F. (2005). Holton ' s Evaluation Model : New Evidence and Construct Elaborations. *Advances in Developing Human Resources*, 7(1), 37–54.

Holton III, E. F. and Baldwin, T. T. (2003). *Improving Learning Transfer in Organizations. Improving Learning Transfer in Organizations*. San Francisco: Jossey-Bass.

Holton III, E. F., Bates, R. and Ruona, W. E. a. (2000). Development of a Generalized Learning Transfer System Inventory. *Human Resource Development Quarterly*, 11(4), 333–360.

Hulland J. (1999). Use of partial least squares (PLS) in strategic management research: A review of four recent studies. *Strategic Management Journal*, 20(2), 159-74.

Ipe, M. (2003). Knowledge Sharing in Organizations: A Conceptual Framework. *Human Resource Development Review*, 2(4), 337–359.

Kanold, T. D. (2002). *The Power of a Learning Community: Implications for Leadership*

*Practice and Beliefs in a Learning Organization.* Chicago University.

King, W. R. (2007). IT Strategy and Innovation : Recent Innovations in Knowledge Management. *Information Systems Management,* 24(1), 91–93.

Kline, R. B. (2015). *Principles and practice of structural equation modeling*. NY: Guilford publications.

Lave, J. (1991). Situating Learning in Communities of Practice. *Perspectives on Socially Shared Cognition*, 2, 63–82.

Lave, J. and Wenger, E. (1991). *Situated learning: Legitimate peripheral participation* (Cambridge). Cambridge University Press.

Lin, H.-F. (2007). Effects of extrinsic and intrinsic motivation on employee knowledge sharing intentions. *Journal of Information Science*, 33(2), 135–149.

Locke, E. A. (1976). The nature and causes of job satisfaction. *Handbook of Industrial and Organizational Psychology*, 1, 1297–1343.

McDermott, R. (1999). Why Information Technology Inspired But Cannot Deliver Knowledge Management. *California Management Review*, 41(4), 103–117.

Miller, D. B. (1986). *Managing professionals in research and development*. CA: Jossey-Bass.

Nelson, B. K. M., & Cooprider, J. G. (1996). The contribution of shared knowledge to IS group performance. *Management Information Systems Quarterly*, 20(4), 409-32.

Nickols, F. (2003). *Communities of practice*. A Start-up Kit.

Noe, R. A. (1986). Trainees ' Attributes and Attitudes : Neglected Influences on Training Effectiveness. *Academy of Management Review*, 11(4), 736–749.

Noe, R. A. and Schmitt, N. (1986). The Influence of Trainee Attitudes on Training Effectiveness : Test of a Model. *Personnel Psychology*, 39, 497–523.

Nonaka, I., & Johansson, J. K. (1985). Japanese management: What about the hard skills? *Academy of Management Review*, 10(2), 181-191.

Nonaka, I. and Takeuchi, H. (1995). *The knowledge-creating company : how Japanese companies create the dynamics of innovation*. New York : Oxford University Press.

Nunnally, J. C. and Bernstein, I. H. (1994). *Psychometric Theory* (3rd ed.). New York: McGRAW-HILL.

Oliver, R. L. (2014). *Satisfaction: A Behavioral Perspective on the Consumer*. Routledge.

Perkins, D. N. and Salomon, G. (1992). Transfer of learning. *International Encyclopedia of Education*, 2.

Pfeffer, J. and O'Reilly, C. A. (2000). *Hidden value: How great companies achieve extraordinary results with ordinary people*. Harvard Business Press.

Podsakoff, P. M., MacKenzie, S. B., Lee, J. Y., & Podsakoff, N. P. (2003). Common Method Biases in Behavioral Research : A Critical Review of the Literature. *Journal of Applied Psychology*, 88(5), 879-903.

Rouiller, J. Z. and Goldstein, I. L. (1993). The Relationship Between Organizational Transfer Climate and Positive Transfer of Training. *Human Resource Development Quarterly*, 4(4), 377-390.

Royer, J. M. (1979). Theories of the transfer of learning. *Educational Psychologist*, 14(1), 53-69.

Ryan, R. M. and Deci, E. L. (2000). Intrinsic and Extrinsic Motivations: Classic Definitions and New Directions. *Contemporary Educational Psychology*, 25(1), 54-67.

Saint-Onge, H. and Wallace, D. (2012). *Leveraging communities of practice for strategic advantage*. Routledge.

Salomon, G. and Perkins, D. N. (1989). Rocky Roads to Transfer: Rethinking Mechanism of a Neglected Phenomenon. *Educational Psychologist*, 24(2), 113-142.

Savage, C. M. (1997). *Fifth generation management: kreatives Kooperieren durch virtuelles Unternehmertum, dynamische Teambildung und Vernetzung von Wissen*. vdf Hochschulverlag AG.

Schein, E. H. (2010). *Organizational Culture and Leadership* (Vol. 2). John Wiley &

Sons

Scott, V. (2011). 구글 세상을 변화시킨 기업이야기 (정인아 역.). 명인문화사.

Toffler, A. (2013). Revolutionary wealth. *New Perspectives Quarterly*, 30(4), 122-130.

Wasko, M. M. and Faraj, S. (2000). "It is what one does" : why people participate and help others in electronic communities of practice. *The Journal of Strategic Information Systems*, 9(2), 155-173.

Watkins, K. E. and Marsick, V. J. (1996). *In action: Creating the learning organization*. Alexandria, VA: American Society for Training and Development.

Wenger, E. (1998). *Communities of practice: Earning, meaning, and identity*. Cambridge university press.

Wenger, E. (2007). 「지식창출의 사회생태학 실천공동체 (손민호, 배을규 역.)」, (주)학지사.

Wenger, E. C. and Snyder, W. M. (2000). Communities of practice: The organizational frontier. *Harvard Business Review*, 78, 139-145.

Wenger, E., McDermott, R. and Snyder, W. M. (2002). *Cultivating communities of practice: a guide to managing knowledge*. Harvard Business School Press, Cambridge, Massachusetts, USA.

Wenger, E., Mcedermott, R. and Snyder, W. M. (2004). 「CoP 혁명 (황숙경 역.)」, 서울: 물푸레.

# 연구개발직군의 지식생태계 실행공동체

2016년 12월 10일 | 초판 인쇄
2016년 12월 10일 | 초판 발행

지 은 이 | 오성호
발 행 인 | 김은중
발 행 처 | 서울경제경영출판사
북디자인 | (주)우일미디어디지텍

주 소 | 120-808 서울특별시 서대문구 대현동 67-5
전 화 | 02)313-2682
팩 스 | 02)313-8860

등 록 | 1998년 1월 22일 제5-63호

ISBN 978-89-97937-24-0 93320 정가 12,000원